문학과 과학의 만남

아인슈타인과 도스토옙스키

옮긴이 **안경화**

도서출판 **아 진**
A-JIN

"내가 가는 길을 그가 아시나니 그가 나를 단련하신 후에는
내가 순금 같이 되어 나오리라 (욥23 : 10)"

엮은이 안경화
펴낸이 김근배
펴낸곳 도서출판 아진

초판 1쇄 인쇄 2019년 8월 20일
초판 1쇄 발행 2019년 8월 26일

인쇄 : 윤성문화사
표지디자인 : 로고스디자인

출판등록번호 제 300-1995-56호
주소 경기도 의왕시 이미로 40 인덕원IT밸리 A동 1019호
전화 (02)737-0663
팩스 (02)737-0664
이메일 kgb@ajin.to
인터넷홈페이지 www.ajin.to

ISBN 978-89-5761-522-5 03800

서 문

모여서 아름다운 것이 있다.
하나를 자세히 보았을 때 아름다운 것이 있다.
적당한 숫자가 모인 그룹이 만드는 아름다움이 있다.

너무 많은 것을 보여주는 것이 아름답지 않을 때가 있다.
너무 깊이를 보면 아름다움이 사라질 때가 있다.
너무 한 사람의 속을 깊이 보게 되면, 너무 가까이 있어 그 사람이 이야기하는 것을 다 들으면 그 사람이 싫어지거나 그 사람을 향해 가졌던 가치가 작아질 때가 있다.

인생 전체를 돌아보면 아름답지 않고 가치 없는 인생이 없는 것처럼, 개개인 인생의 길이로 각자의 인생을 둘러보면 아름답지 않은 인생이 없다고 생각한다. 희극으로 끝나건, 비극으로 끝나던, 희극이 더 많았던, 비극이 더 많았던 말이다.

그런데 우리가 비극의 극치 속에 있을 때, 희극의 극치 속에 있을 때 그 순간은 그리 아름답지 않다. 슬퍼 아름답지 않고 너무 기뻐 아름답지 않다.
그런데 너무 슬펐던 슬픔이 없었다면, 너무 기뻐 어쩔 줄 모르는 기쁨이 없었다면 우리의 전 인생은 아름다워 보이지 않을 수 있다.

모두의 인생은 아름답다. 우리가 어디서 어떻게 세상을 처음에 보았건, 어떤 세상을 보며 떠나건 우리 개개인이 살아온 전 인생을 보면 다 아름답다.
놀랍게도, 내가 발견하는 아름다움은 편함에서 느껴지지 않을 때가 많다.
대부분 우리의 상황이 극에 가까이 가 있을 때다. 그때가 바로 내가 아름다움을 보기 시작하는 때이다.

그래서 과학자들이 이때까지 보이지 않았고 인식되지 않았던 새것들을 발견해 나가고 있고 그 원동력은 그 아름다움을 찾으려는 욕구와 갈망에서 나오는 것이라고 믿는다.
우리가 신을 믿고 싶고 또 그 믿는 신앙을 이끌어 가는 큰 원동력이 그런 갈망이 아닐까 생각한다.

우리 중 어느 사람도 보지 못하고 인식하지 못하고 있는 것을 다 알고 있는 신을 말이다. 그런 신이 있을 때 우리가 오로지 일부분인 아주 작은 부분만을 보고 간다고 하더라도, 아무런 흔적도 남기지 못할 부분만을 보다가 가더라도 그 신이 있고, 믿고 따라오라고만 하는 신이 있으니 얼마나 큰 위로가 되는지 표현할 길이 없다.

과학자의 아이콘인 아인슈타인과 우리의 현실을 사실적으로 표현하려 했던 실험적 문학의 아이콘 중의 한 사람인 도스토옙스키를 연결하는 한 물리학자의 이야기를 시작점으로 번역하게 되었다.
그들을 연결하는 것이 무엇이 그렇게 중요한 일이냐고 묻는 사람들이 있을 수 있다. 그러나 나는 이렇게 말하고 싶다. 한 작은 입자가 우주의 질서를 설명하는 방정식에 영향을 주는 것 같이 도스토옙스키의 작품에 우리 사회의 일부가 그리고 우리 인생의 일부가 현실적으로 묘사된 것들이 우리가 말하는 아름다움의 질서에 고려되어야 한다는 점에서 중요한 작업이라 생각한다. 특별히 다양성이 우리 가까운 사회에도 큰 영향으로 와 닿는 이 시대에 문학과 과학의 연계성에 관한 고찰이 우리의 서로 다름이 존중되고 그 존중에서 우리 인간의 삶에 관한 개념이 바뀌어 갈 때 우리가 모두 그 아름다움을 만끽하며 살다가 그 아름다움 속으로 빠져들어 가지 않겠냐고 생각해보게 한다.

그리고 이 책을 번역한 것이 나의 아름다움을 찾아가는 긴 여정의 첫걸음이며, 앞으로 찾아가는 과정 과정을 독자들과 같이할 수 있기를 바란다.

이 책은 러시아어로 쓴 Boris Kuznetsov의 작품을 Vladimir Talmy가 영어로 번역한 1972년 판 〈Einstein and Dostoyevsky〉를 근간으로 한국어로 옮겼다.

마지막으로 이 책을 출판할 수 있도록 도움을 준 도서출판 아진 김근배 대표님과 편집을 도와준 분들에게 감사의 마음을 전합니다.

2019년 6월
런던 라이브러리에서
안 경화

차 례

1 실험적 사실주의

"역사에서 발견할 수 있는 어떤 훌륭한 사상가나 가우스[1] (J. Gauss) 같은 위대한 과학자에서 받는 것보다 나는 도스토옙스키에서 더 많은 생각과 영감을 받는다."라고 아인슈타인은 말하였다. 이런 종류의 아인슈타인(A. Einstein)이 도스토옙스키(F. Dostoevsky)에 관해서 한 말들을 분석할 때마다, 인류가 어떤 형태의 문화적 변천 과정을 겪은 것과 관계없이, 지속해서 인간에게 야기되는 근본적인 문제들이 존재함을 느낀다. 이런 종류의 분석과정에서 우리가 당면하는 문제들은 인식과 행동, 생각과 체험, 진실과 선의, 세계의 조화와 부조화 같은 것이다.

17세기는 셰익스피어 작품 〈햄릿〉[2] 이 사회에 던진 질문에 대답을 찾는 시기였다. 덴마크 왕자의 영혼 속에서 논리적이고 학자적인 사고만으로 이루어진 고대와 중세의 이상이 새롭게 탄생하는 다른 하나의 이상으로 바뀐다. 물론 그 결과는 비극적으로 끝나지만. '생각은 행동으로 이어져야 하고, 행동을 통해 성장하여야 하고, 행동 속에서 구체화 되어야 한다.'라는 새로운 이상이 대두된 것이다. 이런 사회 변화에 응답이라도 하는 것처럼 과학에도 실험적 방법을 중요히 여기는 사조가 시작했다. 이런 변화의 결과로 한 세기가 지나 산업혁명이 일어났다. 또한 이런 이상의 변화가 일어나기 시작한 지 두 세기가 지나 자코뱅 당[3] 의 독재주의 형태로 대중의 사상에서 결과로 나타났다. 17세기에 이성은 앞으로 다가올 다양한 사상적 공격에 대해 대응할 준비를 하느라 분주하였다. 가해진 힘

---

1) 요한 카를 프리드리히 가우스(1777-1855)는 독일의 수학자이자 과학자이다. 주로 정수론, 통계학, 미적분학, 전자기학, 천문학, 광학 등에 많은 업적을 남겼다.

2) 〈햄릿〉의 배경은 12세기 덴마크 왕가이며, 등장하는 인물들은 르네상스 시대의 영국인이다. 왕자 햄릿은 잘못된 시대를 살아가는 전형적인 지성인으로 묘사되었으며, 주저함으로 무엇인가 결정을 하지는 못하는 인간상으로 비친다. 이는 마치 현대인을 모습을 보는 것으로 해석된다.

3) 자코뱅 당은 프랑스 혁명기에 생긴 정당으로 1789년 창당하여 1794년에 해당하였다. 정식으로는 '자유와 평등의 벗 자코뱅 결사단'으로 시작된 것이다. 그리고 자코뱅이라는 이름은 파리의 자코뱅 수도원에서 모임을 가지므로 붙여진 이름이다. 모임 내에는 서로 다른 이념의 정파들이 있었다. 해당 후 여러 정파로 나누어져 그 사상은 이어졌다. 자코뱅 당은 중도좌파에서 극좌의 이념을 가진 사람들이 모였으며 사회주의, 공화주의, 계몽주의, 자코뱅주의 성격의 이념을 포함한다.

없이도 무한정 계속될 수 있는 '자유운동'이라는 개념 속에서, 갈릴레오는 현실을 나타내는 새로운 체계의 근원이 무엇인지 알아냈다. 이전까지 일반적으로 알고 있던 자연적 위치에 대한 아리스토텔레스의 체계[4)] 대신에, 균일 운동 체계를 가지고 우주의 조화를 설명할 수 있게 된 것이다. 데카르트[5)] (R. Descartes)는 물체가 직선상에서 움직일 때 속도가 보존된다는 관성의 개념을 확장했다. 그는 움직이는 물질만으로 이루어진 물리 현상에 관한 사고를 하였다. 스피노자[6)] (B. Spinoza)는 데카르트의 확장된 물질 개념을 부인하고 보편화한 개념을 물리 현상에 부여했다. 이런 역사적 과정을 거쳐 마침내 힘의 개념을 도입하고 만유인력 법칙을 확고히 함으로 '역학'을 자명하게 했던 뉴턴(I. Newton)은 이성적 우주 체계를 개발하는 데 있어서 처음으로 계통을 완성했다. 한 물체는 다른 물체들에 의해서만 아니라 공간 그 자체에 기인한 영향도 받을 가능성을 그는 가정했다. 이런 사고는 고전적 과학 개념에서 다소 벗어난 것임에도 불구하고, 고전역학의 정량적 관계들이 실험으로 입증이 가능하다는 이유로 우주에 대한 과학적 해석이 명확하게 정당성을 획득할 수 있었다.

18세기에는 이성론에서 큰 진보가 있었다. 그래서 우리는 이 시기를 '이성의 시대'라고 부르고, 이 시대는 모든 결론의 절대적 정확도에 대해 중요하게 생각하였으며 이런 개념을 대우주와 소우주 모두에 적용할 수 있을 것이라는 보편성에 대해 사고하는 시기였다. 이 시대 사람들은 뉴턴역학의 논리적 전개는 모든 자연현상을 종합적으로 설명할 수 있다고 생각했다. 즉, 우주에 있는 모든 분자의 좌표와 속도를 알면 미래를 원하는 만큼 정확하게 예언할 수 있다고 생각했다. 이런 개념을 논리적으로 구성한다면 조화로운 사회질서에 관한 대안을 만들어 낼 수 있을 것이라 생각하였다. 이런 생각은 바뵈프[7)] (F.-N. Babeuf)뿐 아니라 그 이전의 프랑스의 전-혁명 당원들에게도 영감을 주었다.

4) 아리스토텔레스는 운동을 두 가지로 나누었다. 물체가 지구로 떨어지는 것 같은 직선운동을 '자연스러운' 운동이라 하였고 돌을 던져 포물선 형태로 움직이는 것 같은 원운동을 '비자연적인 운동'이라고 분리하여 설명하였다.

5) 르네 데카르트(1596-1650)는 프랑스 물리학자이자 철학자이다. 해석기하학의 창시자이자 근대 철학의 아버지라고 불린다. "나는 생각한다, 고로 존재한다."라는 말로 널리 알려져 있다.

6) 바뤼흐 스피노자(1632-1677)는 네덜란드의 철학자로 18세기 계몽주의 태동을 위한 기초를 놓은 17세기 철학의 합리주의자이다.

7) 프랑수아-노엘 바뵈프(1760-1797)는 프랑스 혁명 시기에 활동한 정치 선동가이자 작가로 활동했다.

19세기에는 그동안 변하지 않을 것이라고 믿고 있던 것, 일반적인 수학적 관계들 그리고 고정된 논리적 법칙들을 부인하고 의문을 제기하는 과정을 통해서만 현실을 올바로 인식할 수 있고 현실을 변화시킬 수 있다는 사실을 사람들은 알게 되었다. 이성적으로 무엇인가를 계속해서 사고해 나가는 것이 하나의 개념을 파고드는 것보다 쉽지만 한 개념을 깊이 탐구하는 것이 필연적임을 알게 되었다고, 라플라스[8] (P.-S. Laplace)가 언급한 적이 있다. 괴테(J. W. Goethe)가 "친구들! 이론은 마치 회색이어서 순간에 구별되지 않는 정체불명의 무엇이지만, 살아있는 나무는 변함없이 푸르다."라고 말하면서, 현실은 논리적인 것으로만 간단히 정리될 수 있는 것이 아니라고 주장하였다. 독일 고전 철학은 한 중요한 결론에 도달했다: 감수성이 있고, 살아 움직이고 있을 때 -어떠한 종류의 것이던 절대적이고 완전무결한 것에 의해 사로잡혀 있지 않을 때- 생각은 무한대의 힘을 얻는다. 카르노[9] (N.L.S. Carnot), 클라우지우스(R. Clausius) 그리고 19세기 말이 되어 볼츠만[10] (L. Boltzmann)은 집단 분자의 행동에 적용 가능한 법칙은 개개 분자의 행동을 지배하는 법칙들과 완전히 다른 특징을 갖는다는 사실을 증명했다. 전자는 자연현상을 되돌릴 수 없는 것으로 만들지만 후자는 그 자연현상을 되돌릴 수 있는 역학과 일치한다. 전자는 통계적이고 자연 현상들에 대한 설명을 쉽게 이해할 수 있도록 하지만 후자는 우리가 자연에서 관찰할 수 있는 현상과는 다른 역학 체계이다. 이와 유사하게 다윈(C. Darwin)은 진화의 통계적 법칙을 발견했다: 환경은 개체가 아니라 종(species)의 운명, 통계적 집단, 그리고 여러 개개의 운명과 관련된 확률에만 영향을 준다. 로바쳅스키[11] (N. Lobachevsky) 그리고 그 이후에 리만[12] (B. Riemann)은 서로 양립할

8) 피에르 시몽 라플라스(1749-1827)는 프랑스 수학자이자 천문학자이며, 특히 수학적인 물리학에 많은 공헌을 하였다. 많은 이공계 학도들에게는 '라플라스의 변환'이라는 함수변환 방법으로 멀리 알려졌다.

9) 니콜라 네오나르 사디 카르노(1796-1832)는 프랑스 열역학 물리학자이다. 열은 높은 온도에서 낮은 온도로 옮겨질 때만 힘을 얻을 수 있고 반대의 경우에는 힘이 필요하다는 사실을 입증하였다.

10) 루트비히 볼츠만(1844-1906)은 오스트리아 물리학자로서 통계역학과 특히 통계열역학에 공헌하였다. 특히 원자론을 주창한 학자로 유명하다. 에너지와 물체의 온도 관계를 나타내는 '볼츠만 상수'라는 것으로 널리 알려져 있다.

11) 니콜라이 로바쳅스키(1792-1856)는 러시아 수학자로 비유클리드 기하학의 한 가지 형태인 쌍곡기하학을 발견하였다.

12) 베른하르트 리만(1826-1866)은 독일 수학자로 해석학, 미분기하학에 많은 공헌을 하였다. 특히 리만 기하학은 일반상대성 이론을 기술하는 데 이용되었다.

수 없는 두 기하학 체계에 관한 생각에 이른다. 그것은 유클리드 기하학과 비유클리드 기하학이다. 유클리드 기하학은 예를 들어서, '한 삼각형의 세 각들의 합은 두 직각의 합과 같다.', '한 직선상에 있지 않은 한 점을 지나며 그 직선과 평행한 선은 하나밖에 존재하지 않는다.', '한 직선에 수직을 이루는 모든 선은 평행하다,' 등과 같은 것이다. 반면 비유클리드 기하학은 '한 삼각형의 내각의 합은 두 직각의 합보다 클 수도 있고 작을 수도 있다.', '한 직선상에 있지 않은 점을 지나면서 그 직선과 평행한 선은 무한정 존재할 수 있거나, 아예 존재하지 않을 수도 있다.', '한 직선에 수직인 선들은 서로 발산할 수도 있고 수렴할 수도 있다.' 등과 같은 것이다. 이런 기하학이 현실에 부합하는가는 물리적 작용과 이 작용이 어떤 차원의 영역에서 일어나는가에 따라 다르다. 즉 '비유클리드'라는 말은 수학적으로 역설적인 계(system)들을 정의하는 데 쓰였을 뿐 아니라 한때 확고부동한 것으로 여겨진 원리를 부인하는 개념들을 정의하는 데도 사용되었다.

19세기 수학에 있어 유클리드 논제가 너무나도 논리적이어서 전혀 무너질 것 같지 않았지만 결국 무너짐을 직접 경험함으로, 사회적 사고나 사회적 조화 또한 이런 견고한 조직의 폐허를 발판으로 새로운 것이 이루어질 수 있을 것이라는 혁신적인 결론에 다다르게 되었다. 그렇지만 수학 영역에서 혁신적 사고를 이룬 것만큼 사회적 사고는 혁신적인 진전을 보이지는 못한다. 19세기를 이끌어가던 혁신적 사색가들이 숙고했던 사회적 조화는 그 시대의 가장 혁신적인 수학자, 천문학자, 물리학자가 파악한 우주계의 조화와는 달랐다. 로바첻스키와 리만은 방대한 우주계에서는 유클리드 관계를 포기하는 것이 가능하다고 생각했다. 우주의 조화는 비유클리드 성질을 가질지라도 우주적이다. 다시 말해서, 한 작은 미생물이 인류의 죽음과 삶에 큰 영향을 주지 않는 것처럼 그리고 행성의 이동에서 작은 조각 내부의 한 티끌의 운명은 그렇게 중요하지 않게 여기는 통계적으로 평균하는 과정처럼 미시적인 사항에 우주는 영향을 받지 않는다는 것이다. 다른 한편으로 인류가 통계적으로 평균한 양들을 이용하여 자연 현상과 역학을 설명하지만, 사회적 조화는 이러한 통계적 평균으로 취급되는 양들을 지배하는 기본 힘들로부터 인간을 자유롭게 하는 것에 기반을 둔다. 조화된 사회적 체계는 모든 개개인의 행복을 보장해야 한다. 여기서 전체에 관한 기하학적 배열은 그것의 미시적 부분들을 무시하는데 근거하지 않고, 반대로 그 부분들 하나하나를 당연히 고려하는데 기반을 둔다.

〈죄와 벌〉, 〈백치〉, 〈악령〉, 〈미성년〉, 〈카라마조프가의 형제들〉 같은 도스토옙스키의 주된 철학적 소설은 1866년에서 1880년 사이에 쓰였다. 처음에는 소설 속에서 무슨 일이 정말로 일어났고 그것이 의미하는 바를 파악할 수 없었다. 이 소설들을 분석하고 이해하기 위하여 인류가 더 늙게 되었다고 할 정도이다. '지구는 지표면에서 지구 중심까지 인간의 눈물로 꽉 차 있다.'라는 것이 도스토옙스키가 쓴 소설들의 주된 주제이다. 이것은 통계적 정보들을 가지고 끌어낸 결론이 아니다. 오히려 그 반대다. 또한 개개인들만의 문제가 아니고 인류 전체에 관한 문제이기 때문에 근거가 빈약한 개인적인 느낌에 의한 것도 아니다. 하지만, 인류는 개개인 각자로 존재하고, 사회적 문제와 도덕적 문제는 문학가의 심리상태 안에서 아름다움을 바라보는 심미적 관점에서 전개된다. 개별적 특성이 독특하고 탁월한 가치를 가진 것을 인정하는 심미적 개념의 맥락에서만 합리론에 근거하여 사고하는 자들의 결론은 유효하다. 그들이 내린 결론은 우주의 조화가 각각의 구성요소의 운명을 무시한다면 그 조화는 받아들일 수 없다는 것이다.

〈카라마조프가의 형제들〉의 절정을 이루는 부분은 이반 카라마조프(Ivan Karamazov)가 자신의 형제 알료샤[13] (Alyosha)와 한 여관방에서 이야기를 나누는 장면이다. 이 장면에서 그들은 '신에 의하여 우주가 조화롭게 돌아간다고 하더라도, 사람의 작은 고통에 대해 앙갚음조차 할 수 없다면 이런 조화가 무슨 소용 있는가?'라는 의문을 제기하는 대화를 나누고 있다. "전체의 거시적 조화라는 것이 무엇이든지 상관없이, 엄마는 고문당한 자식의 고통에 대해 용서하고 잊을 수 없어. 만약 그렇다면, 과연 무엇이 조화일까?"라고 이반은 말한다. "이 세상에 용서할 자격을 가졌거나, 용서할 존재가 있을까? 나는 조화를 원하지 않아. 인류를 향한 사랑이 없다면 나는 그 조화를 원하지 않는다고....... 게다가 조화를 얻기

13) 알료샤(Alyosha)는 알렉세이(Alexey)라는 이름의 애칭이다. 소설에서는 가끔 이 두 이름이 혼용하여 사용되기도 한다.

위해 지불할 비용이 너무 비싸잖아. 우리는 조화로 들어가기 위해 내야 하는 그 비싼 값을 치를 만한 여유가 없지 않은가. 그래서 나는 내 입장권을 서둘러 돌려보내려고 하고 있지."라고 말한다.

이반 카라마조프가 '입장권을 돌려보내는' 장면이 나오는 장은 「반항」으로 불린다. 이 장은 이 소설의 절정을 이루는 곳일 뿐 아니라 도스토옙스키의 전 작품 중에서도 절정이라 할 수 있다. 이것이 인류 문화의 역사를 특징 지우고 20세기에도 아직 제기되는 질문인 것은 바로 조화를 향한 인류의 강렬한 갈망 때문이다. 이런 갈망은 미래를 향한 다양한 질문을 던졌던 19세기의 과학적 발견들과 같은 차원의 것이다. 사회적 조화라는 측면에서 생각하면 이는 감정적, 심리적, 미학적인 갈망에 해당한다. 인간의 삶은 부조화로 인해 부서지고, 지구에는 인류의 피와 눈물이 흐른다. 조화는 단지 비유클리드 사고인 역설적인 특성을 가질 수 있고, 전통적 유클리드 사고와는 관련되지 않을 수 있다. 그러나 이 과정에 여러 심각한 문제점이 놓여있다. '심지어 불행한 어린아이의 눈물조차 무시하는 것'[14] 같은 국부적이고 비교적 미시적인 부조화 따위는 무시하는 사고에 근거한 우주의 조화라면, 인간의 도덕은 직관적으로 이런 우주의 조화를 거부한다.

사람들이 도스토옙스키의 대중적 견해에 관해 어떻게 생각할지라도 그리고 그의 정치적, 사회적 견해가 어느 정도 바른길에서 벗어나며 반동적일지라도, 도스토옙스키 예술의 요점은 20세기를 향한 강력한 호소이다. 즉 국부적 부조화를 허락하지 않으며 개인적 고통도 허락하지 않는 그리고 약자를 향한 탄압, 압박, 경멸을 허용하지 않는 사회적, 도덕적으로 완전한 조화를 인간은 필요하다는 것이다.

이런 호소는 개인에 대한 무시에 반대하는 항의가 필요하므로 어떠한 추상적 또는 통계적 형태로만 표현될 수 없다. 이런 항의는 심미적 개념의 틀 안에서 구체적인 문학 인물들을 통해서만 의미심장하게 나타난다. 도스토옙스키의 작품에서 발견할 수 있는 지성적이고 합리적인 내용에서 진정한 인물들을 창조해내는 그의 특출한 능력을 우리는 금방 알게 된다.

도스토옙스키는 그 당대의 다른 작가들과 다른 사회계급 출신이었다.

14) 이 부분은 도스토옙스키의 작품에 나오는 장면으로 다른 장에서 자세히 분석할 것이다.

그의 아버지가 의사로 일하던 가난한 사람을 위한 병동에서 태어났고, 많은 상류계층 출신 작가의 소설에 자주 등장하는 100년도 더 된 보리수 거리에 대한 기억도 갖고 있지 않았다. 그에게는 가족 전통도 없었고, 안정된 가정생활도 없었으며 기억할만한 익숙한 주위 환경도 없었다. 투르게네프[15] (I. Turgenev)와 톨스토이(L. Tolstoy) 작품에 나오는 주인공인 영웅들은 -투르게네프와 톨스토이가 그런 것처럼- 시골의 모든 아름다움, 가정의 안락, 가족의 소유지와 더불어 자연적인 조화를 경험했다. 이들에게 영혼의 혼동이나 부조화라는 것은 자신들이 경험한 소유에 의한 조화와는 극명하게 대조를 이룬다. 환경과 경험에 따른 그들이 받아들이는 '혼동과 조화'는 도스토옙스키의 그것과는 큰 차이가 있다.

도스토옙스키의 푸시킨[16] (A. Pushkin)에 대한 유명한 연설에서, 도스토옙스키는 푸시킨의 시집 〈집시들〉에 나오는 알레코(Aleko)와 그의 운문소설 〈예브게니 오네긴〉(Eugene Onegin)에 등장하는 오네긴을 언급하며, 러시아 문학에서 나타나는 부단히 무엇인가 하는 영웅들을 '나그네들'이라고 불렀다. 그들이 주위 환경과 어울리지 않는 이방인 같다거나 기존 환경에서 튕겨 나와 새 상황 속에 놓였을 때 그들의 존재가 조화를 이루지 못하니 그들은 정말로 나그네들이었다. 투르게네프와 톨스토이 작품에서는 배경이 되는 주변 풍경은 전통적이고 자연적인 조화의 구체적 표현이다.

지나칠 정도로 정확하고 심지어는 사실 그 자체를 기록하고 있지만, 도스토옙스키의 배경은 한 가지로 요약하면 '인생의 부조화'를 표현한다. 그렇게 정확하게 묘사하고 있음에도 불구하고 그 배경은 영적이고 환상적이다. 특히 그의 상트페테르부르크(St Petersburg)에 대한 묘사들이 그렇다. 그가 1961년에 썼던 편지 속에 그의 특성을 잘 나타내는 한 구절이 있다:

'나는 겨울이 한창인 1월 한 저녁을 떠올려본다. 나는 비보르크스키 구역(Vyborgsky District)에서 집으로 서둘러 오고 있었다. 나는 매우 어렸었

15) 이반 세르게예비치 투르게네프(1818-1883)는 러시아 귀족 가문 출신의 시실주의 소설가이다. 중편 모음집인 〈사냥꾼의 수기〉를 비롯하여 소설 〈루딘〉,〈귀족의 둥지〉,〈아버지와 아들〉,〈연기〉,〈처녀지〉 등이 있다.

16) 알렉산드르 세르게예비치 푸시킨(1799-1837)은 러시아의 시인이자 소설가로 〈루슬란과 류드밀라〉,〈집시들〉,〈스페이드 여왕〉,〈대위의 딸〉 등의 작품을 남겼다. '삶이 그대를 속일지라도'라는 시로 세상에 많이 알려졌다.

다. 네바강(The Neva)에 도착했을 때 나는 잠시 멈춰서, 안개로 희미한 지평선 넘어 마지막 빨간 햇살로 갑자기 환해진 음침하고 안개 짙은 강저 멀리를 유심히 쳐다보고 있었다. 밤은 도시를 둘러싸고 있었고, 그 마지막 햇살은 네바강 넓은 계곡을 채운 번쩍거리는 얼어붙은 눈송이에 무수히 많은 불빛이 산란하고 있다. 기온이 영하 20도로 떨어졌음이 틀림없다. 차가운 수증기가 지친 말들과 총총걸음을 걷고 있는 사람들 위를 맴돌고 있었다. 아주 작은 소리가 압축된 공기를 진동시켰다. 연기 기둥들이 강 양쪽에 있는 지붕으로부터 도깨비처럼, 새로운 건물들이 오래된 건물들 위로 솟아 올라가며 새로운 도시가 하늘로 올라가는 듯하게, 차가운 하늘로 치솟았다. 그리고 그 속에 사는 사람들과 함께, 강한 사람이건 연약한 사람이건, 그 속에서 사는 모든 거주자와 함께, 구걸하는 사람들의 피신처에서 금장을 두른 저택까지, 수증기 구름 속에서 진 파란색 하늘 안으로 크게 굽이쳐 사라질 유령 같은 형상, 환상같이 희미한 땅거미 속에서 마침내 전 세계가 불쑥 나타났다.'

도스토옙스키와 그의 영웅들에게, 상트페테르부르크는 항상 유령 같은 도시였다. 이점에 대해선 나중에 다시 다룰 것이지만 이 시점에서 도스토옙스키에게 실존은 개개인의 운명을 무시하지 않는 조화와 불가분이라는 것만은 먼저 이야기하고 싶다. 부조화는 도스토옙스키에게 실체가 아닌 환상의 무엇, 깨어날 수 없는 억압적인 악몽과 같은 것으로 와닿았다.

1845년 봄, 도스토옙스키는 희망 없고 수동적이며 패기 없는 절망에 대한 이야기인 그의 소설 〈가난한 사람들〉(Poor Folk)을 완성했다. 이 소설은 그에게 명성과 네크라소프[17] (N. Nekrasov), 벨린스키[18] (V. Belinsky)와의 우정을 가져다주었다. 그 후 벨린스키 집단에 대한 환멸과 사상적 이질감으로 이 두 사람 사이에 불화가 뒤따랐다. 도스토옙스키는 혁명적 집단에 가입했고 1849년 이 집단과 관련되어 사형을 선고받았다. 그 판결은 중노동으로 경감되었다. 경감 조치가 사형 집행에 대한 전 과

17) 니콜라이 네크라소프(1821-1878)는 러시아 시인으로 초기에는 〈고향〉,〈철도〉와 같은 서정시를 썼으며 후기에는 러시아의 미래를 걱정하는 마음으로 쓴 대서사시 〈러시아에서는 누가 행복한가〉와 러시아 여성의 희생을 표현한 서사시 〈러시아의 아내들〉 등이 대표작이다.

18) 비사리오 그리고리예비치 벨린스키(1811-1848)는 러시아의 비판적 사실주의 문학비평가다. 그는 러시아 문학이 지나치게 이론적인 면에 치우친 것을 비판하고 문학은 현실에 바탕을 두어야 한다고 주장하였다.

정이 진행되고 총살형 집행만을 남겨둔 마지막 순간에 발표되었기 때문에, 보기 드물게 잔인한 상황에 있었다는 사실을 언급해야만 한다. 수감생활은 자신을 부정하는 재검토의 기간이었다. 도스토옙스키는 초기의 활발한 혁명적 사상들을 모두 잊어버릴 수도 없었고 철회할 수도 없었지만 결국 변절하게 되었다. 그는 독재와 정통주의의 지지자가 되었다. 그렇지만 그의 창조적 예술은 그 자체로 논리를 가지고 있었다. 1860년대에 그는 억압적이고 굴욕적인 전통적 영향력을 파괴하는 힘을 지금까지도 보유하고 있는 일련의 소설 저작에 착수했다.

이때 집필한 시리즈의 첫 번째 작품인 〈죄와 벌〉은 그의 인생에서 어려운 시절이었던 1865년에 쓰였다. 그 바로 직전에는 형이 대가족을 그의 손에 남기고 죽었고 그 바로 직후에는 그가 출판하고 있던 잡지가 종간되었다. 그의 상황은 극심하게 어려워졌고 미친 듯이 투옥을 피하고 지급지연을 얻어내기 위해 온갖 노력을 하였으나 결국 완전 궁핍한 상태로 몰락하게 되었다. 대출 관련한 사무실, 변호사 사무실, 경찰서 드나드는 일이 그의 삶에서 일상이 되었다. 이 재정적 어려움뿐만 아니라, 밤잠을 설쳐가며 교정쇄를 자세히 정독해야 하고, 검열 통과를 위한 검열관과의 관계를 잘 유지하여야 하는 몹시 힘든 일을 해야만 했다. 도스토옙스키는 외국으로 도피를 심각하게 생각하였지만, 혹독한 기아 상태는 말할 것도 없고 가난이 이런 시도조차 불가능하게 했다. 촛불이 없어 그는 추운 호텔 방에서 글쓰기도 힘들었다. 〈죄와 벌〉이 이런 어려운 상황 속에서 탄생하였다.

기근에 허덕이는 이 소설의 주인공인 라스콜리니코프(R. Raskolnikov)는 병들고 비참한 상황 속에서 (여기서 그 묘사들은 실제로 자전적 사실들이다.) 범죄가 유용하고 대단히 선한 결과를 낳을 수 있다면 그 범죄를 허용 할 수도 있다는 생각을 품는다. 범죄의 피해자가 아무런 가치 없는 존재이고 그 범죄의 결과가 중요한 임무로 가는 길을 여는 역할을 한다면 인간은 그를 살해할 권리를 가지며 나아가서 심지어 인간의 의무라고까지도 생각한다. 한 점의 먼지 또는 원자나 작은 미생물 같은 것의 운명은 세상 전체의 운명에 그리 중요하지 않은 하찮은 것이고 이런 미생물이 거시적 관점에 방해가 된다면 파멸시켜야만 한다는 생각을 갖는다. 라스콜리니코프가 살해한 그 나이 든 여자 고리대금업자는 단지 그런 부류의 존재일 뿐이다.

도스토옙스키 소설 대부분에서 그는 해당 주인공을 더욱더 생생하게 드러내기 위해 보조 인물을 등장시킨다. 모든 것이 허용될 수 있다는 생각을 갖고 있으며 결국 정신적 파탄과 자살로 생을 마감한 보조 인물이 바로 〈죄와 벌〉에 등장하는 스비드리가일로프(Svidrigaylov)이다. 도스토옙스키의 견해에 의하면, 이 두 사람 사이의 대조는 얼마나 깊이 전통적 신념에 반항할 수 있는지를 나타내는 일종의 다름에 관한 척도이다. 전통적 신념은 긍정적인 인물의 입을 통하여 표출된다. 이런 긍정적 인물 중 하나가 바로, 가난으로 인해서 상트페테르부르크 거리로 나온 소냐(Sonia Marmeladova)인데 그녀는 자기가 저지른 범죄에 대한 죄책감을 더는 견딜 수 없다는 라스콜리니코프의 고백을 듣고 있다.

〈죄와 벌〉은 도스토옙스키의 창조 활동의 절정이다. 〈죄와 벌〉에서 보여주는 정도의 정확도를 갖고 등장인물이 말하고자 하는 *실제*를 나타내기 위해, 어떤 다른 작품에서도 사용하지 않은 분위기 설정, 체계적인 인물 등장, 결과적으로 소설 전체의 구성을 사용하고 있다.

'실제'라는 단어를 이탤릭체로 표시하였는데 그 이유는 작품에서 전하려는 의도가 대개 도스토옙스키 자기 생각, 그의 주관적 견해, 의도와는 반대라는 사실을 강조하기 위해서다. 등장인물을 통해 전달하는 주장에 대한 책임은 바로 〈죄와 벌〉 작품의 소위 창조적 시론이라고 하는 이 소설의 예술적 능력이다. 이 작품의 시론과 등장인물들 사이에는 아주 미묘한 관계가 있다. 이 관계는 상호적이고 시론에서 저자의 의도나 저자가 만들어 낸 인물의 일차원적 함수가 아니다. 과학자들이 물리적 과정을 관찰하기 위해 사용하는 장비들이 그 과정에 다소 영향을 주는 것처럼, 현실의 창조적 표현을 위한 수단들이 관점을 변화시키고 저자의 개인적 의도가 아니었던 것들에 관한 통찰력을 제공하는 경향이 있다.

〈죄와 벌〉의 시론은 합리적 성격을 띤다. 이 책의 등장인물들은 결국 모순과 광적인 상태로 갈지도 모르지만, 어찌 되었든 역설적인 자기 모순적인 생각에 사로잡힌 사람처럼 말한다. 적용해보고, 입증하고, 검증해보려는 갈망에서, 열정은 생각과 함께 동반자 역할을 한다. 이 주인공들의 분위기는 쉽사리 설명된다. 심지어 설명되기 힘들어 보이는 상황에서

조차도 즉각 설명되고 생각의 충돌이 된다. 이 작품의 배경인 상트페테르부르크는 -도스토옙스키의 다른 소설들의 배경과 같이- 주인공의 생각에 영향을 준다. 〈죄와 벌〉 시작 부분의 일화에서 묘사된 음울하고 억압적인 분위기는 주인공에게 설명하기 힘든 우울증 증세를 야기 시킨다. 한 페이지 안에서 그의 기분이 사실상 어마어마하게 복잡하고 고통스러운 인생을 반영하고 있는 것을 알게 된다. 라스콜리니코프의 더듬거리며 논리가 일관되지 않게 말하는 습관은 일련의 모순된 생각의 결과이다.

〈죄와 벌〉의 이성적 시론에서 독자들이 얻는 전반적인 인상은 다음과 같이 정형화된 결론으로 표현할 수 있다. 대범하고 역설적인 변형을 할 수 있는 사고는 결국 도의를 벗어난 길로 인도할 수 없고, 오히려 반대로 모든 모순을 해결할 수 있게 한다. 이런 결론은 신념 없는 이성 때문에 도의적 재앙으로 몰고 가는 것처럼 보이는 이 소설의 표면상 사건들과 강한 대조를 이룬다.

도스토옙스키의 그다음 철학적 소설인〈백치〉(The Idiot)가 1868년도에 출판되었다. 초판으로 판단하면 그는 주인공인 미쉬킨 왕자(Prince Myshkin)를 돈키호테나 예수와 비교될 만큼 최상의 영웅적인 인물로 취급했다.

〈백치〉의 등장인물인 나스타자 필리포브나(Nastasya Filippovna)는 전 세계 문학에 있어서 가장 복잡한 여인 중 한 사람이다. 그녀의 감정은 깊고 그녀의 생각은 더욱더 심원하다. 그녀의 갑작스러운 감정 변화나 역설적 행동은 마음의 상태가 아닌 사고의 표출이다. 결국 그녀를 사랑하고 그녀가 사랑하는 미쉬킨 왕자에게 그녀 자신이 적합하지 않다고 그녀는 스스로 결론을 내린다. 독자들은 다른 등장인물의 음악성에 반응하고, 미쉬킨은 그녀의 고통 속에 지적 요소가 있음을 감지한다. 그리고 그녀의 갑작스러운 제단에서 도피와 그녀를 살해하는 상인인 로고진(Rogozhin)이라는 인물 속에서 나타나는 불합리라는 구렁으로 들어가는 그녀의 몰락을 그는 역설적일지라도, 논리로 받아들인다. 미쉬킨도 같은 불합리의 구렁 속으로 빠져든다. 그의 광기가 재발한다. 이번이 마지막으로.

도스토옙스키는 온유함과 관대함 때문에 생기는 고난을 예수의 고난처럼 십자가에 못 박힌 영혼의 도덕적 승리의 표상으로 이해했을지도 모른다. 그럼에도 불구하고, 전통이나 전통적 개념을 극복할 수 없는 생각, 충분히 역설적이지 않고, 충분히 '비유클리드'이지 않은 생각으로 인한 비극을 우리가 겪는다는 것을 〈백치〉의 시론이 암시하고 있다.

독자는 이 주인공들의 지적 삶에 너무 매료되어, 사실 그들이 반지성주의 전통의 순교자 또는 사도라는 사실을 인식하지 못한다.

도스토옙스키의 비 이성론자적 의도가 무엇이든 그의 이성론자적 시론은 그것과 모순되는 결론을 암시한다. 그의 시론은 이 책의 음악적인 감수성과 대화, 배경, 사건의 가공하지 않은 현실성에서 잘 드러난다. 심지어 나스타자 필리포브나의 외관이 그녀의 지적 매력을 반영해 준다. 이 소설의 앞부분에서 미쉬킨이 벽에 걸려 있는 그녀의 초상화를 보게 된다. 도스토옙스키는 이 장면을 아주 자세하게 묘사하는데, 초상화에 대한 그의 묘사는 르네상스 시대 이성론 주의자의 초상화에 대한 이상형인 모나리자(Mona Lisa)를 연상케 한다. 플로렌스 사람[19] 인 모나리자의 불가사의한 미소에 대해 논쟁을 할 때, 미소에 대한 감정에 대한 것보다 그 시대의 특성을 나타내는 부분적으로 숨겨져 있는 사고들에 더 많은 관심을 가졌다. 이런 사고는 바로 그 시대의 근본적 풍조를 잘 보여주고 있다. 감정적, 지적 깊이 면에서, 그녀의 지적 갈등의 예리함이나 그 갈등에 대한 그녀 자신의 의존성에 있어서 러시아 문학작품 속 어느 여자 주인공도 그녀와 비교하기는 어렵다.

시간이 흐름에 따라 도스토옙스키의 반사적인 경향이 그를 지배하게 되었고, 이성적인 주장에 저항하는 장황한 비난의 독설로 자신의 책들을 채웠다. 1871년부터 1872년 사이에 그는 민주주의적 혁명 주의자의 주장에 반대하는 몇몇 책자와 〈악령〉 같은 소설을 썼다. 이 소설에서 주요 인물인 니콜라이 스타브로긴(Nikolai Stavrogin)은 대단한 공훈과 중한 죄의 차이를 조금도 느끼지 못하는, 다시 말해 도덕적 관념이라고는 조금도 찾아보기 어려운 사람이다.

"그게 사실이야?"라고 또 다른 주요 등장인물인 샤토프(Shatov)가 묻는다. "당신은 상상조차 할 수 없는 음탕한 행위와 인류애 차원의 덕을 위

19) 모나리자의 모델이 된 여인이 누구인지는 여러 의견이 있지만 이탈리아 플로렌스(피렌체) 지방의 평범한 한 여인이라는 것이 일반적인 의견이다. '모나'는 유부녀 이름 앞에 오는 이탈리아어 존칭이다. '리자'는 그 여인의 이름이다.

해 자기 삶을 희생하는 행위 사이에서 어떤 심미적 차이도 인식할 수 없다고 주장하는 것인가? 이 두 극한의 경우 모두에서 똑같은 아름다움과 즐거움을 찾았다는 것이 사실인가?"

"그런 종류의 질문에 대답하는 것은 불가능해. 나는 답하지 않을 것이야." 라고 스타브로긴은 중얼거렸다. 그는 당연히 일어나서 떠나 버릴 수 있었을 텐데도 그는 일어나지도 않았고 물론 떠나지도 않았다.

"왜 악은 혐오스럽고 선은 아름다운 것인지 나는 모르지만, 왜 그것을 분별할 수 있는 능력이 스타브로긴 같은 사람에게서 삭제되어 사라져버렸는지는 알고 있다."라고 샤토프는 온몸을 떨며 계속 주장했다. "왜 당신의 그런 천하고 수치스러운 결합 (선과 악의 만남, 경계가 사라진 것을 뜻함)을 형성했는지, 그 이유를 아는가? 그 이유는 단순히 그 결합의 수치와 무감각이 천재의 경지에 달했기 때문이야! 당신은 바로 결정적인 고비에서 어쩔 줄 몰라 망설이는 자 중 한 사람인 것이지! 당신은 곤두박질쳐 빠져들어 가는 거야. 순교적 열정 없이, 자책의 갈망 없이, 단지 음탕한 육욕 때문에, 당신은 결혼했어. 그 행위는 감각을 파열시키는 것이었어... 상식에 저항하는 것은 아주 유혹적이었지."

스타브로긴은 실험적 음탕함에 의한 것만큼 도덕적 음탕함에 끌리지는 않는다. 사실상, 그가 등장하는 모든 장면에서 그의 유일한 관심은 상대방의 한계를 알아내려는 일종의 실험이다. 도스토옙스키는 여기서 전통적인 신념 없이 사고만으로는 도덕성의 기초를 얻을 수 없다는 것과 이성주의 그 자체는 비도덕적이며 도덕적 질문에 대해 부적합한 대답만을 준다는 것을 보여주려고 애쓰고 있다. 도스토옙스키는 스타브로긴에게 늘 붙어 다니는 그림자 같은 사람, 표도르(Pyotr Verkhovensky)를 등장시키는데, 그와 스타브로긴[20]의 관계는 스비드리가일로프(Svidrigaylov)와 라스콜리니코프(Raskolnikov)의 관계[21]와 같다. 그는 전통적 신념을 향한 이성의 반항이 유도하는 도덕의 지옥을 보여준다. 도스토옙스키가 만들어낸 또 다른 인물은 〈악령〉에 등장하는 1840년대의 나이 든 자유 이상주의자인 스테판 트리피모비치(Stepan Trofimovich Verkhovensky)이다. 여기서 그를 등장시킨 목적은 한 그룹 안에 자유분방하고 혁명적인

20) 표도르는 스테판 트리피모비치의 아들이고 스타브로긴은 트리피모비치의 제자였다.

21) 스비드리가일로프와 라스콜리니코프는 〈죄와 벌〉의 등장인물로 서로 분신 같은 존재이다. 스비드가일로프의 모습은 결국 라스콜리니코프의 사상을 나타내고 있다고 생각한다.

지식 계급 전체를 -우스꽝스럽기는 하지만 남에게 해를 주지 않고, 신세대는 좋아하지 않는 스테판 프리피모비치에서 무시무시한 표도르까지 모두를- 포함 시키려는 것이다. 비도덕적인 이성주의를 나타내는 주된 인물은 스타브로긴이다.

이것이 바로 〈악령〉에서 저자가 말하고자 하는 것이다. 그러나 이 작품의 시론은 그 저자의 의도를 파괴한다. 과거를 회상하면서 도스토옙스키는 1840년대 사상가들이 지녔던 무엇인가를 등장인물 스테판 트리피모비치에 부가하려고 하지만 결국 스테판 트리피미모치가 그 시대의 사람 중에 가장 순수하다는 그래노브스키(T. Granovsky)[22] 와 유사하다는 것을 시인해야만 했다. 이 시론은 표도르에 대한 의도 또한 좌절시킨다. 등장인물에 현실성을 부과하면, 이 시론의 논리를 가지고 그를 혁명적 지식계급의 대표 인물로 묘사하는 것이 불가능하다. 사실상 그는 혁명적 지식층에 분명하게 반대하고 있다. 저자는 스타브로긴에 대한 지배력 또한 잃는다. 그는 스타브로긴을 혁명운동에 참여하게 할 수 없고, 그의 창조적인 본능은 이런 것에 반대하는 소리를 외치고 있다. 혁명적 지식계급에 저항하도록 계획한 작은 논술 책자로 처음에는 의도하였던 것이 결국에는 미래에 던진 하나의 논제로 남게 되었다. 어떤 상황에서 이성은 우리 모두의 삶을 보호하고 보존해줄 도덕적 가치관을 만들어 낼 수 있는가? 전통이 아닌, 이성이 도덕성을 만들어 내야만 한다는 것이 그리고 모든 도덕적 척도가 보통은 고통스러운 정신적 노력의 결과로 나타난다는 것이 이 소설의 이성주의 체계에서 보인다. 그러나 정신적 노력은 결코 전통을 도덕적 문제의 근본 해결책으로 생각하지는 않는다.

〈악령〉을 집필한 지 4년이 지난 1875년에 출판된 소설 〈미성년〉에서 도스토옙스키는 비도덕성의 원인, 특히 그것의 사회적 근원을 분석하는데 아주 근접하였다. 이 작품은 개인의 이득과 폭력의 신조가 마치 사람이 되어 현실 세계에 나타나는 '인간 전시관' 역할을 한다. 그들은 단연코 혁신적인 지식인들이 아니고 그들의 행동은 자유로운 사고에 의한 것도 아니다. 그러나 가장 중요한 것은 〈미성년〉은 러시아인의 삶에서 오랫동안 대들보 역할을 하던 것들의 붕괴, 가족의 분열, 개인적 성향의 탄생을

22) 티모피 그래노브스키(1813-1855)는 러시아 제국의 중세사 연구의 창시자였으며, 도스토옙스키 소설 〈악령〉은 그의 삶에 기반을 두고 있다.

아주 생생하게 묘사한다. 이 소설에서 이런 분열이 생겨난 역사적 근원을 분명하고 구체적으로 보여준다.

의도와 표현 사이의 갈등은 도스토옙스키의 1879년에서 1880년 사이 작품에서 절정을 이룬다. 그가 생각하기를 자신의 새 소설 〈카라마조프가의 형제들〉이 전통적 신념과 반항적인 이성 사이 갈등을 잘 나타낼 것이라고 생각했다. 이 소설에서 반항적 이성은 명예롭지 못하게 되곤 한다. 그는 적절히 무대를 설정했다. 현실에서 섭리적 조화(harmony)를 이루도록 하는 것에 강력히 반대하는 이반 카라마조프를 통해 이성이 표현된다. 도스토옙스키는 그에게 패배를 안겨주는 역할을 하는 몇 명의 '해설자들'을 붙인다. 이들 중에 가장 주요 인물은 스메르쟈코프(Smerdyakov)라는 이름을 가진 형제 아버지의 하인이다. 이반이 이성이 갖는 주권을 지지하는 것에서, 그는 '모든 것이 허용된다고 하면' 그의 주인을 살해할 자유가 있다는 실제적 결론을 내리게 된다. 이런 해설자 중 두 번째 인물은 이반의 마음속 가장 깊은 생각의 화신으로 등장하는 악마다. 세 번째 인물은 보편적 전제주의 천주교 교리를 그리스도의 온유한 가르침과 대조시키는 이반의 시에 나오는 '종교재판 수석 수사관'이다.

카라마조프 형제 중 막내인 알료샤는 전통적인 신념을 가진 자로 나타난다. 여기서 도스토옙스키는 조시마(Zossima) 신부를 알료샤의 선생으로 등장시켜 그에게 강력한 동지를 제공함으로 그의 전통적인 신념을 더욱 잘 드러나게 한다.

〈카라마조프가의 형제들〉에서 기획된 갈등으로 인해 극우 보수집단과 분명히 러시아 정부는 희망과 더불어 염려를 동시에 갖게 됐다. 그 당시 도스토옙스키는 대단히 보수적인 수상 포베도노스테세프[23] (K. Pobedonostsev)와 자주 만나고 연락했다. 이반 카라마조프의 자명하고 분명한 현실적 조화에 대한 공격 성향은 조시마 신부의 임종 교훈으로 반박할 것을 도스토옙스키는 포베도노스테세프 수상에게 확신시켰고, 결국 러시아의 허무주의는 거부될 것을 뚜렷이 밝혔다.

그러나 이반 카라마조프의 논쟁은 이제 시작에 불과하다. 확신에 찬 사

23) 콘스탄틴 포베도노스테세프(1827-1907)는 러시아 제국법학자이자 정치가였다. 극우단체의 대변인 등 보수적이고 극우 정치 이념을 가졌으며 당대 최고의 정치적 힘을 행사하였다.

사로운 것에 대한 포기와 이런 생각들이 영원할 것이라는 실체에 대해 논쟁하는 것이다. '섭리적 조화'에 대한 공격은 더욱더 예언적인 것인 것으로 드러난다. 오늘날까지도 그 논쟁에 대한 열정과 관심이 계속 되고 있다.

압도적인 현실감을 어쩔 수 없이 이반 카라마조프가 표현하도록 했었다고 도스토옙스키는 포베도노스테세프에게 편지를 보냈다. 그렇지만 현실주의라는 것이 과연 도스토옙스키에게 무슨 의미였을까? 이 질문에 대해 나중에 자세히 거론하겠지만, 그의 현실주의에 대한 기본적인 입장을 알아차릴 수 있다. 그것은 실험적이라는 거다. 도스토옙스키는 작품 속 주인공들을 극한 어려운 상황 속에 놓으며 자신의 관념을 입증해 갔다. 그가 얻은 결과들은 전통과 완전히 대립하고, 그의 예측과도 반대인 모순성을 가진다. 〈예브게니 오네긴〉[24] 에서 타티아나 라리나(Tatyana Larina)의 결혼은 완전히 기대하지 못한 일이었다고 푸시킨이 자신의 편지에서 불평했었다. 이런 것은 예술적 창조의 특징이고 사실상 이것은 모든 창조 활동의 특징이다. 등장인물들의 전개는 잠재적이고, 쉽게 인식되지 않는, 마음속에 있는 선천적 경향에 의해 억압된 것들을 도스토옙스키의 실험적 방법을 통해서 드러낸다. 이런 주관적 의도와는 반대로, 자기 창작력의 객관적 논리는 새로운 상황으로 이끈다. 이 상황 속에서 예술가는 '발견해 나가는' 것만큼 인물, 행동, 대화의 구성과 창작에 신경 쓰지는 않는다. 이반 카라마조프와 알료샤 사이의 대담과 악마와 나누는 대화를 살펴보면 이를 잘 알 수 있다. 책이 미치는 사회적 영향을 심각하게 고려하고 있었던 시절 포베도노스테세프에게와 자신에게 한 약속을 지키는 것보다 더 직접적이고 비극적으로 도스토옙스키를 고민하게 만든 실험들이었기 때문에, 이반 카라마조프를 조용하게 가만히 둘 수는 없었다. 그는 전통적 신념을 절대 인식하지 않았다. 소책자 저자로서 이성의 침략에 대항해 전통적 신념을 변호했기는 하지만, 그는 훌륭한 예술가로 자신의 역할 안에서 그 신념을 제거했다. 샤토프의 스타브로긴을 향한 대답은 꽤 특징적이다.

24) 〈예브게니 오네긴〉은 푸시킨이 1823에서 1831까지 잡지에 연재한 운문소설이다. 이를 나중에 한권의 책으로 출판하였다. 차이콥스키가 이 작품을 동일 제목의 오페라 작곡하여 1879년 상연한 것으로도 유명하다.

"하지만 당신은 산토끼를 원한다고?"라고 샤토프는 묻는다.
"뭐라고?"
"너 자신의 참혹한 표현." 샤토프는 다시 자리에 앉으면서, 앙심을 품은 듯 웃었다. "당신의 산토끼를 요리하기 위해선 그 산토끼를 먼저 잡아야만 해; 신을 믿기 위해선 먼저 신이 있어야만 하지. 당신은 상트페테르부르크에서 그것을 말하곤 했어."
"아니야, 그가 한 것은 그가 그것을 잡았다는 것을 자랑하는 거였어. 자 이제 당신에게 한 가지 질문을 할게. 내가 하나는 물어보아도 된다고 생각하는데. 얘기 한번 해봐, 당신의 산토끼를 당신이 잡았는가?"
"그런 식으로 나에게 물을 생각 하지 마. 다른 식으로 질문해." 샤토프는 갑자기 온몸에 전율을 느끼기 시작했다.
"그럼 다르게 물어보지." 니콜라이 프세볼로도비치(Nikolai Vsevolodovich)는 냉정하게 그를 쳐다보았다. "당신 자신이 신을 믿는지 묻고 싶었던 거야."
'"나는 러시아를 믿어..... 나는 러시아 정교를 믿어... 나는 그리스도의 육신을 믿어... 나는 새 예수의 탄생이 러시아에서 일어날 것을 믿어..." 샤토프는 미친 듯이 중얼거렸다.
"그리고 신을? 신을?"
"나... 나는 신을 믿을 거야."

소책자 저자, 도스토옙스키는 단순한 유클리드 신념과 타협하기를 원했다. **예술가**, 도스토옙스키는 어떠한 것과도 타협하기를 거부했다; 그는 '알기를' 원했고, 이런 갈망은 그의 천재성에 해당하는 차원을 얻게 했다. 그 차원은 그의 시론에 색을 더했고 시적 감흥에 의해 그 차원은 더 높아졌다. 그 차원은 조화를 향한 갈망이다. 정말로 여기에 도스토옙스키의 예술적 창조력과 아인슈타인의 과학적 창조력이 서로 만나는 점이 있다.

2 비유클리드 세계

19세기에 이루어진 도스토옙스키의 창작 작업은 다가올 시대인 20세기를 향해 던진 질문이다. 그런데 왜 그의 질문은 과학을 향해, 특히 이론물리를 향한 것이었을까? 어떤 의미에서 아인슈타인의 생각이 이 질문에 답을 했다고 우리는 말할 수 있을까? 이 장에서는 이러한 질문에 대한 답을 찾아보도록 한다.

개개인의 운명을 무시하지 않고 존중하는 세계조화의 개념은 과학과도 깊게 연관되어 있다. 과거 인류가 생각하던 유토피아와는 달리, 이미 19세기 사회가 가지고 있던 사회적, 도덕적 이상이 사회의 변화 과정에 따라 객관적이고 때로는 우연히 발견하기도 한 과학적인 분석과 깊은 연관이 있었다. 사회과학은 사회적 진보와 생산 확장을 서로 연결하는 이론들을 개발해 냈다. 19세기 말에 이르러 소위 '추상적'인 것으로만 생각했던 과학적인 개념들이 인류의 실질적 진보를 위해 가치를 발휘하기 시작하였다. 도스토옙스키는 그 시대의 진보적인 사회 개념들을 공감하지 않고 노골적으로 그 개념들에 반대했지만, 그의 창조적인 집필 속에서 무의식적으로 이 개념들이 나타난다. 전통적 견해를 지지했던 **사상가** 도스토옙스키와는 달리, **예술가** 도스토옙스키는 심리적 관찰이 그의 문체로 표현되면서 사회 현상으로 묘사되거나, 사회 현상을 단순히 보도하면서 객관적이고 실험적으로 계속 진보하였다.

하지만 도스토옙스키와 아인슈타인을 나란히 병렬로 다루는 것이 역사적으로 의미 있음을 보여 주기 위해 우리는 도덕적 문제나 도덕적 조화를 추구하는 것과 밀접한 연관성을 가진 20세기 과학의 특징 몇 가지를 먼저 살펴보려 한다.

19세기가 끝나갈 무렵, 과학은 모순된 결과에 관한 체계적인 설명이 필요했다. 특정한 현상을 설명하기 위해 특별히 고안한 임기응변적 과학 이론과는 다르게, 아인슈타인은 우주 전체를 설명하는 가장 일반적인 물리 가설들에서 실험 결과를 추론할 수 있는 이론을 구별하기 위해 '체계적'이라는 단어를 사용했다. 역설적이며 일반적인 가설로는 모순으로 보이는 실험 결과의 체계적인 추론은 아인슈타인의 논리 체계의 특징이다. 전통적인 초기 전제를 부인함으로 모순적이고 설명할 수 없이 난해하고 불가사의한 것처럼 보이는 현상을 이론에서 자연스럽게 추론할 수 있는 것으로 변화시킨다. 과학적 분석은 경이와 의심에서 벗어나, '외부적 확인'과 '내부적 완전함'의 척도에 근거하여 적절한 과학적 이론의 선택이 이루어져야 한다. 아인슈타인은 전자의 척도는 이론과 관찰의 일치로 정의하고, 후자는 관찰된 사실들에 대한 최소한의 임기응변적 설명을 갖고 가장 일반적인 가설에서 추론한 것으로 한 이론의 실재성으로 정의한다. 이 두 척도는 '물리적 의미'를 가져야 한다는 원리에 따른 것인데, 이 원리가 바로 초기 가설은 관찰과 실험을 통해 입증되어야만 한다는 것이다.

세계가 인식 가능한 법칙에 의해 지배되는 한, 그 세계의 구조는 객관적이고 거기에는 질서가 있다. 이런 세계는 무질서가 아니라 인간이 그 안에서 통일된 인과법칙을 발견할 수 있고, 관찰된 현상과 일치하는 관계가 초기의 일반 원리에서 추론 가능한 질서 있는 '완전물'이다. 이런 사실이 아인슈타인의 업적을 올바로 이해하는데 많은 도움을 준다. 1949년에 집필한 그의 자서전에서 자신의 사춘기 시절부터 그에게 영감을 주어왔던 '개인적인 것을 초월한' 것을 이해하려는 갈망에 대하여 다음과 같이 썼다.

'저쪽 밖에 우리 인간과 독립적으로 존재하며, 방대하고 영속적이며 최소한 부분적으로라도 관찰과 분석에 쓰일 수 있게 마치 수수께끼처럼 우리 앞에 펼쳐진 거대한 세계가 있었다. 이 세계를 공부하는 것은 사람의 생각을 자유롭게 한다. 내가 존경하게 되었던 많은 사람이 이런 훈련을 통해 내적 자유와 마음의 안정감을 찾았다는 사실을 나는 곧 알게 되었다. 개인을 초월한 세계에 대한 지적 이해는, 성취할 수 있는 한, 그 자체가 내 마음의 눈에 반은 인식되었고 반은 인식되지 못한 하나의 목표가 되었다. 현시대 사람과 같은 목표를 가졌던 과거 사람이 그 길을 감에 있어서 나의 동반자일 것이고, 그들이 이루었던 발견들 역시 그렇다. 이런 천국으로 가는 길은 종교적 천국으로 가는 길 같이 쉽지도 매력적이지도 않

다. 하지만 그 길은 믿을 만한 것으로 증명되었고, 나는 이 길을 선택한 것을 절대 후회하지 않았다.'

아인슈타인에게 우주의 질서는 도덕적 이상으로부터 분리할 수 없는 것이었다. 사고하는 방식에 있어서, 다른 신학적 차원들 사이 - 이상과 현실(ideals and nature) 사이-에서 대조적인 요소를 찾았던 포이어바흐[1] (L. Feuerbach)와 유사했다. 무엇인가를 성취하기를 갈망한다면 도덕적 고귀함은 모든 사람이 정해야 하는 이상이다. 하지만 이런 이상은 인간적인 이상이어야 하고 인간적인 목적이어야 한다. 인간을 초월한 자연적 고귀함은 자연 그 자체일 뿐이다. 아인슈타인의 자연에 대한 경외는 그의 도덕적 이상과 이기적 욕망에 대한 부인에서 시작한다.

그는 '과학자는 보편적 인과관계의 관념에 의해 지배된다.'라고 말했다. 그에게 미래는 모든 점에서 과거만큼 필연적이고 확정적이다. 도덕성에는 신성한 것은 아무것도 없다. 완전히 인간의 문제이다. 그의 종교적 감각은 자연법칙의 질서에 대한 열광적 감탄으로 표현된다. 그 자신을 이기적 욕망의 족쇄에서 자유롭게 할 수 있는 한 이런 느낌은 그의 삶과 일을 좌우하는 원칙이다.

'삶과 일을 좌우하는 원칙'은 아인슈타인과 특히 스피노자를 비롯한 17세기 위대한 이성주의자에게 공통된 것이다. 스피노자의 도덕적 이상과 그의 자연을 향한 태도가 파스칼[2] 이 '자신'의 포기라고 생각한 것과 연관있다. 이런 경향은 객관적 지식을 향한 열망과 모든 주관적이며 의인화된 인간 중심적 개념의 배제와 연결된다. 바로 이 점에서 상대론의 개념이 탄생하고 발전해나가게 된 것이다. 이런 사고방식으로 얻은 17세기에 가장 중요한 결과가 태양이 중심인 태양계를 발견한 것이었다면 20세기에는 아인슈타인의 상대론이었다.

---

1) 루트비히 안드레아스 폰 보이어바흐(1804-1872)는 독일 철학자이자 인류학자이었다. 그는 자유주의, 무신론, 유물론을 지지하는 입장이었다.

2) 블레즈 파스칼(1623-1662)은 프랑스의 심리학자, 수학자, 과학자, 신학자 및 작가이다. 우리는 그를 수학자 및 과하자로 더 많이 알고 있지만 그의 관심은 신학과 철학 분야에 더 컸다. 우리에게 가장 잘 알려진 것은 그의 자서 〈팡세〉이다.

상대성 이론과 아인슈타인의 일반적 생각 사이의 관계와 19세기의 질문에 대한 20세기의 대답이라고 우리가 간주하는 것 사이에 어떠한 유사성이 있는지 생각하는 것은 의미가 있다. 상대성 이론의 내용을 좀 더 자세히 살펴보는 것이 이 연관성을 명확히 이해하는 데 도움이 될 것이다.

19세기가 끝나갈 무렵, 서로에 대해 움직여 나가고 있는 모든 계 안에서 빛이 동일한 속도를 가지고 가속 없이 균일하게 직선으로 전파해 나간다는 것이 인정되었다. 이 역설적인 실험 결과는 속도 합성의 고전적 규칙에 어긋났다. 이 가설에 의하면 빛은 한 기차 안에서 복도를 따라 기차 트랙에 대해 항상 같은 속도를 갖고 그 기차가 움직이고 있든지 아니든지, 또는 그 기관차 엔진을 향하여 걷고 있던지 멀리 떠나가고 있든지를 무론 하고 -즉, 그 승객이 걷는 속도를 그 기차 속도에 더해야 하든지 빼야 하든지를 무론 하고- 걷고 있는 승객과 비교될 수 있다. 만약 빛이 한 주어진 계와 그 계에 대해 가속 없이 움직이고 있는 또 다른 계 안에서 같은 속도로 움직여 간다면, 광학 실험으로부터 초기 계의 움직임을 측정하는 것은 불가능하다. 사실상 한 주어진 계안에서 물리적 현상을 관찰함으로써 직선상의 일정한 움직임을 측정하는 것은 불가능해야만 한다. 움직임이라는 개념은 움직이는 계가 다른 물체들에 대해 위치를 바꿀 때만 의미를 갖는다. 간단히 말하자면, 움직임은 상대적 의미만을 갖는다.

물리적 현상들은 한 계의 일정한 직선 운동에서 독립적이라고 아인슈타인은 말한다. '두 물리학자를 생각해보세요. 각자 마음대로 쓸 수 있는, 모든 가능한 장비를 갖춘 실험실을 갖고 있어요. 한 실험실은 자유로운 열린 공간에 있고 다른 실험실은 특정한 방향으로 일정한 속도로 움직이는 기차 안에 있다고 가정해 봐요. 두 물리학자는 자연법칙을 연구하기 위해 각자의 장비들을 사용한다면, 그들은 그 기차가 일정한 속도로 요동 없이 움직이는 한 서로 같은 법칙을 발견하게 될 거예요. 좀 더 일반적으로 표현하면, 상대성 이론에 의하면 자연의 법칙은 기준 계의 평행 이동에 의존적이지 않아요.'라고 그는 말한다.

상대성 이론은 우주의 일반적 구조와 일반화한 가설들에 근거한 실험 결과에 대한 조직적인 설명의 한 예이다. 솔로빈[3] (M. Solovine)에게 보

3) 모리스 솔로빈(1875-1958)은 루마니아의 철학자이자 수학자이다. 그는 아인슈타인에게 물리학을

낸 편지에서 아인슈타인은 이렇게 말하고 있다.

"상대성 이론의 기반을 이루는 물리적 실험의 다양성에도 불구하고 그 방법과 내용은 단지 몇몇 단어로 요약될 수 있다. 고대인이 이미 알고 있던 사실인 이동은 단지 상대적으로만 인식될 수 있다는 사실과는 대조적으로 물리는 '절대' 이동의 개념에 기반을 둔다. 광학에서 모든 실체의 이동이 기준점으로 삼는 발광하는 에테르를 통한, 모든 다른 이동과는 다른 일종의 이동이 존재한다고 가정하였다. 그 발광 에테르는 절대 정지 개념의 실체를 말하는 것이다. 만약 전체 공간을 채우고 있는 그 발광 에테르가 정말로 존재한다면 이동은 그것에 기준점을 둘 수 있고 그로 인해 절대적 의미를 갖는다. 이 개념은 역학의 기초를 이룬다. 그렇지만 이런 종류의 이동을 측정하려는 시도의 실패로 이 문제는 재검토가 되어야 했고 상대성 이론에서 체계적으로 설명되었다. 여기서 이동에 대한 특별한 상태들이 자연에 존재하지 않는다고 가정하고, 이 가정에서 추론된 결론들을 분석했다. 열역학 분야에서 사용한 방법과 유사한 방법을 사용하였다. 여기서 '열역학 분야는 영속 가동 장치의 제작을 불가능하게 하는 자연법칙은 무엇인가?'라는 질문에 관한 체계화된 대답 이상 것을 보여주지는 않는다."

이동에 대한 결말을 짓는 기본 개념 중 하나는 물체의 극한 속도로 빛의 속도를 정의하는 것이다. 만약 한 지점에 존재하는 한 입자가 두 지점 사이의 거리를 빛이 이동하는 속도 보다 더 빠른 속도로 이동했다면, 나중 지점에 새로 도착한 입자는 시작점에서 떠나온 것과 같은 입자로 간주될 수 없다. 바뀔 수 없는 동일 물체가 빛의 속도 보다 더 빠른 속도로 이동할 수는 없다. 한 입자에 다시 가해진 충격들이 그 입자의 속도를 무한정 증가시킬 수는 없는 것이다. 그 속도가 빛의 속도에 가까워지면 새롭게 가해지는 충격은 점점 더 작은 가속도를 만든다. 다른 말로 표현하자면, 그 입자의 질량이 그 입자의 속도에 비례해서 증가하게 된다. 에너지는 질량에 광속도의 제곱 값을 곱한 값이다. 우리가 흔히 알고 있는 에너

배우기 위해 지원을 하였으나, 아이슈타인이 물리학을 배울 필요 없고 자신과 물리학이 가진 문제들에 대하여 언제든지 같이 토론하자고 제의하였다. 그 후 아인슈타인과는 많은 문제를 토론한 것으로 알려져 있다.

지 관련 공식인 E = mc^2이다. 아인슈타인은 정지해 있는 한 물체의 질량이 그것의 내부 에너지에 비례한다고 가정했다. 원자 내에 있는 핵의 내부 에너지 변화가 그들의 질량 변화에 비례한다는 사실을 이용하는 핵에너지 기술은 아인슈타인의 이론을 확인해 주는 것이다. 그래서 그를 핵시대의 선각자라고 말할 수 있다.

한 위치를 3개의 공간 좌표와 네 번째로 시간적 좌표에 부여함으로 결정되는 4차원 기하학 형태로 구체화한 후, 상대성 이론이 근거한 기본 전제의 물리적 타당성은 명확해졌다. 뉴턴 역학은 공간을 통해 무한대 속도로 물리적 현상들이 전파되는 것을 고려했었다. 만약 물체들 사이의 작용이 순간에 전파된다면, 즉 하나의 같은 작용이 한 물체로부터 발산해서 다른 물체에 같은 순간에 도착한다면, 아무 시간도 차지하지 않는 완전한 공간적 현상을 갖게 된다. 그런 경우에 삼차원 공간은 실험적 증명을 허용하는 실존의 물리적 동등물(a real physical equivalent)을 소유하게 된다. 모든 공간에 대해 동시에 일어나는 순간은 절대적 시간이 되는 것이다. 절대적이란 의미에서 이것은 전 우주를 수렴하는 동시성의 묶음(a flux of simultaneous instants)이다.

아인슈타인의 역학에는 삼차원 기하학 체계의 물리적 동등물은 존재하지 않는다. 다른 곳에 떨어져 위치한 동시성도 존재하지 않는다. 아인슈타인의 역학은 다른 기준 계에서 정의되는 사건들의 동기화를 고려하지 않는다. 만약 정지한 에테르가 존재한다면, 사건들은 같은 거리로, 다른 방향을 향해 신호들을 보낼 때 동기화될 수 있을 것이다. 그 신호들은 떨어진 곳에 동시에 -절대적 의미에서 동시에- 도착하게 될 것이다. 절대적 기준 계로서 에테르가 존재하지 않을 때, 만약 그들이 그 신호의 원천과 함께 이동할 때만 그리고 만약 그들이 같은 기준 계 안에 속한다면, 두 다른 등거리에 있는 지점에 동시에 도착할 것이다. 한 기준 계 안에서 동기화된 사건들은 또 다른 하나의 계 내부에서는 동기화가 되지 않는다. 일반적으로 말해, 서로 떨어져 있는 곳에서 발생한 사건들을 동기화시키는 것은 불가능한 것이다. 절대 시간 개념은 물리적으로 무의미한 것이 된다. 그러므로 시간적 차원이 없는 공간, '동시적' 공간은 오로지 기하학적 체계이지 물리적 개념은 아니다. 모든 지점이 네 개의 좌표들, 세 개의 공간 좌표와 하나의 시간 좌표로 특정되는 4차원적 다양성만이 물리적 실체를 가지게 된다. 그런 지점을 **세계점**(a world point)으로 부른다. 한 주어진 특정 위치와 한 주어진 특정 순간에, 하나의 사건이 (예를 들어 하나의 입자가) 일어날 수 있다. 연쇄 사건들을 -그 입자의 이동은- **세계선**(world line)이라고 표현한다. 궁극적으로 우주에서 일어나는 모든 사건은 이런 움직임으로 이루어진다. 그러면 실제 세상이 세계선으로 구성된다고 우리가 말할 수 있는 것인가? 이 질문은 우주에 대한 가장 근본적인 문제들과 연관된 질문이다. 또한, 이런 질문은 물리학 이외의 문제들과도 연관되었다는 점에서 유사성이 존재함을 알 수 있다.

우리는 여기까지 아인슈타인이 1905년에 발표한 특수 상대론에 대해 말해 오고 있다. 이 이론은 직선적 균일 이동과 서로에 대해 가속 없이 이동해 나가는 모든 기준 계들의 동등에 대한 상대성을 가정한다. 1912년에서 1916년 사이에 아인슈타인은 가속된 이동을 포함하기 위해서 그 상대성 이론을 일반화시켰다. 균일 이동과 같이, 움직이고 있는 어떤 한 계 내부에서 일어나는 물리적 현상의 과정에서 가속되는 이동이 감지될 수는 없다. 두 다른 계들이 서로에 대해 가속하며 이동하고 있을 때, 이 두 계는 둘 다 똑같이 타당한 것이고, 물리적 현상들은 이 계들 속에서 일률적으로 일어난다. 관성적 타성에 의해 나아가는 이동과 같이, 가속된 이동은 상대적 이동에 대해 말할 때만 의미를 갖는다. 상대적 이동이라는 것은 하나를 기준계로 하고 두 물체 사이의 거리 변화를 말한다. 그들의 동등성에 의해서 어느 계라도 정지한 것으로 취급될 수 있고 다른 계는 움직이는 것으로 간주 될 수 있는데, 이런 사실은 그들의 내부 현상의 특성에 영향을 주지 않는다.

뉴턴 시대부터 아인슈타인 시대까지 모든 과학자는 가속된 이동의 절대 기준이 존재한다는 것에 만족하였다. 이런 관점에 따라서, 앞에서 언급한 하나의 이동하는 계가 정지 상태로 그리고 한 정지 계가 이동하는 계로 취급될 수 있다는 변형은 그 계들 안에서 일어나는 내부 현상의 과정을 변화시킨다. 앞에서 우리는 모두 한 가속계에서 작동하는 관성력을 관찰했었다. 기차가 갑자기 브레이크를 걸 때 앞으로 몸이 당겨지는 당김과 기차가 가속하기 시작할 때 다시 그 몸이 좌석 안으로 던져질 때의 당기는 힘을 말한다. 분명한 이유로 뉴턴은 그런 예들을 사용하지 않았지만 회전하는 물통 안 물이 원심력에 의해 옆면으로 올라가게 하는 -그 물통이 고정되어 있고 그 세상이 그 물통 주위를 돌고 있었다면 일어나지 않았을- 예 하나를 스스로 고안했다. 이런 차이점에서 어떻게 가속하는 이동이 상대성 이론이 된다고 생각할 수 있었을까?

아인슈타인은 다음의 논제를 사용했다. 한 계에서 가속하는 이동에 의해서 만들어진 관성력은 이론적으로 중력과 다르지 않다. 만약 한 계가 중력가속도와 똑같은 가속도를 갖고 위로 이동한다면, 그 계안에 있는 물체는 밑으로 잡아당기는 힘을 -우리가 관성력 때문이라고 하는 힘을- 느낀다. 마찬가지로 중력에 의해 작용한 한 정지 계에서 그 중력은 그 계안에 있는 모든 물체에 영향을 줄 것이고 가속하여 위로 움직이는 계에서와 같은 아래를 향해 당기는 힘이 있을 것이다. 중력 대신에 전기장이 작용한다면 그들의 전하에 따라서 다르게 물체에 작용할 것이기 때문에 또 다른 논제가 될 것이다. 하지만 중력은 **관성 질량**[4] 에 비례해 작용하므로 중력은 가속에 의한 관성력과 구별할 수 없다. 그래서 절대적 불변속 물체에 주어지는 관성력은 -그 계에서 관찰되는 현상을 변화시키지 않는- 중력으로 간주할 수 있다.

중력의 기본 성질과 그 작용의 균일성은 중력을 공간-시간의 구김 (a warping of space-time)으로 간주하는 것을 가능하게 해준다. 이점을 논함에 있어서 아인슈타인은 빛은 질량을 갖고 있고 광선은 한 무거운 물체에 의해 끌어당겨 지기도 하고 밀쳐내어 지기도 한다고 가정했다. 1919년에 이 가정은 천체 관측에 의해 확인되었다. 이제 모든 직선에 대한 물리적 원형들은 -즉, 직선상의 물리적 물체의 이동- 중력장에 의존하는 것으로 밝혀졌다. 상대성 이론에서 한 물리적 원형은 한 4차원 시공간 세계선을 따른다. 단순한 공간 선은 물리적 의미가 없고 실제적 존재가 아니다. 그러면, 직선의 세계선은 무엇인가? 만약 한 물체가 일률적이지

4) 관성질량은 뉴턴 운동에 따라 관성을 기준으로 결정하는 물체의 질량을 말한다. 물리학에서 질량을 관성질량과 중력질량으로 나누어 생각한다. 이 두 가지의 크기가 같은 이유를 일반상대성 이론이 설명하고 있다. 어떤 물체에 힘을 가하면 속도의 변화를 발생시킨다. 속도의 변화를 우리는 가속도라고 이야기한다. 이 비례관계를 등식으로 표시하려면 상수가 필요한데 바로 그것을 관성질량이라고 한다.

않은 형태로 -말하자면, 변속하여- 직선인 공간 선을 따라서 이동한다면, 굽어진 공간 경로를 따른 일률적 이동의 경우에 굽어지는 것처럼, 그 세계선은 굽어진다. 일률적 직선 이동에서 벗어나는 모든 것은 4차원 시-공간 세계선의 굽음 형태로 나타내진다. 만약 어떠한 힘이 모든 물체와 빛의 일률적 변속을 일으킨다면(이것이 바로 중력장이 작용하는 방법이다), 시간-공간의 곡률에 대해 말할 수 있다.

굽어진 선이나 면을 상상하는 것은 간단하다. 3차원 공간이나 4차원 시-공간의 굽음을 상상하는 것은 대단히 어렵다. 그러나 굽은 면 위에 기하학적 그림들을 그린다면 (예를 들어, 공 모양), 그것은 유클리드 기하학에서 보이는 것과는 다른 성질을 가질 것이다. 그런 면 위에 있는 한 삼각형 안에 있는 각들의 합은 두 개의 직각보다 더 크다. 4차원 세계선으로 만들어진 형태가 이런 종류의 비유클리드 기하학을 따르는 것을 입증하기 때문에, 우리는 시-공간 곡률을 말할 수 있다. 이런 식으로 일반 상대성 이론은 중력장을 시-공간의 굽음으로 취급할 수 있다. 4차원, 비유클리드 기하학이 예외 없이 모든 자연 현상들에 적용되는 것일까? 연구하여 알아내야 하는 것 중에 첫 번째 것은 전자기장이다. 중력과 다른 장들의 존재를 설명하는 것과 같은 방식으로 세계의 기하학이 일반화될 수 있을까? 이것이 바로 1920년대부터 그가 죽는 1955년까지 30년 이상 아인슈타인을 고민하게 했던 문제였다. 다음 장에서 우리는 통일장 이론에 대한 그의 탐구를 다룰 것이다. 그리고 아인슈타인이 물리학에서 발견한 것들의 중심 사상을 이루었던 우주 질서에 대한 탐구의 **감성적 측면**을 거론할 것이다. 그의 통일장 이론을 향한 탐구에 미묘하고 심리적인 의미를 더한 것이 바로 이런 측면이었다. 이런 면은 아인슈타인의 도덕적, 심미적 원리들과 그의 과학적 측면의 성취 사이의 연관성을 어느 정도 설명해준다고 볼 수 있다.

3 질서를 향한 갈망

몇 세기가 지난 지금까지도 보편적 도덕과 심리적 문제에 관한 여러 갈등이 셰익스피어 연극에서 재현되고 있다. 오늘날 우리가 당면한 보편적 도덕과 심리적 문제를 잘 표현해주는 것 중 하나가 바로 셰익스피어에 의해 심층 깊게 묘사된 햄릿의 비극이다. 햄릿은 생각을 행동으로 옮기려는 노력의 일환으로 자신의 아버지에게 복수하는 것이 세계 질서를 회복하는 길이라고 믿는다. 바로 이 세계 질서에 관한 생각은 신세계의 근간이 되는 사고이다.

스피노자는 대우주와 소우주를 지배하는 통일된 법칙을 찾으려는 노력 속에서 도덕적 질서와 우주 질서를 연결했다. 이성주의는 전통적 신념 속에서 윤리적 기준을 분리하고, 그것을 전 우주의 질서와 결부시킨다. 이러한 사고는 아인슈타인의 이성주의 세계관에 적용된 것같이 17세기 이성주의에도 마찬가지로 적용되었다. 우주 질서에 관한 탐구는 도덕적 질서에 관한 확인이었고, '과학'이 이룬 성취는 이성론자의 '윤리'의 성공이었으며, 과학의 패배는 도덕적 이상의 실패였다. 국가 사회주의 독일 노동자당인 나치의 공격이 절정을 이루었던 1942년에 뉴턴 관련해 쓴 에세이에서 고전역학 개념은 이성의 승리이고, 그것에 관한 기억은 인간에게 늘 따라다니는 역경을 인간이 이겨낼 수 있게 그리고 맹목적 애국주의와 비이성적 본능을 향한 숭배에 반대하여 싸울 수 있게 해 줄 것이라고 아인슈타인은 말한다.

'물론 이성은 세상의 모든 문제 해결을 위한 항상 적용 가능한 도구인 것만은 아니다. 크고 작은 일에서 거의 인간의 운명을 지배한다고 우리가 인정해야 하는, 인류의 어리석은 생각과 열정과 비교할 때 이성은 참으로 열악하다. 그런데도 지성이 이룬 업적들은 한 세대의 시끌벅적한 혼잡함보다 더 오랫동안 살아남고 빛과 온기를 여러 세기에 걸쳐서 퍼트린다.'

아인슈타인은 서로에 대해 상대적으로 움직이는 물체들만으로 구성된 우주를 설명하는 체계로 고전적 관념을 정의한다. 상대성 이론은 이 고전적 관념에서 절대 시간과 절대 공간에 대한 관계를 제거해낸다. 상대성은 아인슈타인이 뉴턴 프로그램이라고 불렀던 고전적 개념을 향해 한 걸음 더 가까이 간 것이다. 그 프로그램에 대한 상대성의 공헌은 뉴턴 역학의 오명을 벗게 해준 것이다. 아인슈타인이 뉴턴에 관해 쓴 글을 인용하면 다음과 같다.

'영원한 진리를 얻기 위해 분투하는 연구자로 그를 받아들이는 것이 그를 가장 잘 설명해준다. 뉴턴 시절이 도래하기 오래전에는 우리의 감각을 통해 인식할 수 있는 현상들을 적절하게 설명하는 것은 단지 간단한 물리적 가설로부터 논리적 추론에 의해서 가능해야 한다는 생각이 널리 퍼져 있었다. 수학적 사고에 의해 논리적이고 정량적이며 경험과 일치하는 폭넓은 분야의 현상을 추론해 낼 수 있는 명료하고 체계적인 원리를 찾는데 성공한 첫 번째 사람이 바로 뉴턴이다.'

그 고전적 관념에서 오점을 제거하기 위해 설계한 그 프로그램은 결코 완성되지 못했다. 첫 번째로, 절대 공간은 직선상에서 일률적 이동을 위한 세계 그림으로부터 제외되었다. 그런 후 일반 상대론에서, 그 절대 공간은 시-공간 곡률의 개념에 힘입어 변속 이동에서 제거되고, 그로 인해서 중력장이 밝혀지게 되었다. 시-공간의 기하학적 성질의 변화로 다른 장들을 인식하려는 계속된 시도들은 결국 실패인 것으로 입증되었다. 아인슈타인은 몇몇 가장 천재적인 생각을 발전시켜 나갔다. 이는 전자기장으로 밝혀질 수 있었던 시-공간 곡률 외에, 시-공간의 다른 성질을 찾아내려고 시도함으로 기하학적 관계들을 일반화하였다. 비유클리드 기하학에서 유클리드의 평행선에 대한 가정을 부인하면서, 그는 더욱더 역설적인 기하학 체계로 넘어갔다. 이 역설적 기하학 체계에는 물리적 법칙들이 굉장히 일반적인 가정들에서 유도되기 때문에 다소의 **'내부 완전성'**(inner perfection)을 가지고 있었다. 그러나 외부적인 확인은 또 다른 문제였다. 아인슈타인의 통일장에 대한 개념은 사실들과 실제로 상반되지 않았다. 이것은 단지 실험적 증명이 불가능했을 뿐이다. 이것은 하나의 실험이 유일한 결론을 줄 수 없었다. 이를 풀어서 이야기하면 '그렇다, 이 개념만이 그 결과를 설명해준다. 다른 개념들은 우리의 관찰과 상반된다.'가 될 것이다. 여러 형태의 통일장 이론은 물리적 의미가 부족하다는 결과와 함께 아인슈타인은 자기 이론을 증명할 수 있는 결정적 시험방법을 생각해 낼 수 없었다.

1944년 아인슈타인은 그의 죽마고우인, 뮈섬[1] (H. Mühsam)에게 편지를 썼다.
'나는 아직도 내가 나의 방정식들을 믿는 것이 당연한지를 알기 위해 사는지도 모르겠다. 이것은 모든 변량이 굉장한 수학적 어려움을 수반하는 것처럼 단지 희망에 지나지 않는다. 편안하지 못한 마음과 함께 우정을 필요하지만 나 자신이 피할 수 없는 수학적으로 고문과 같은 고통 속에 있어서 너에게 오랫동안 편지를 쓰지 못했구나.'

아인슈타인이 뮈섬에게 이 전에 쓴 편지에 이렇게 말했었다. '나는 양말을 신기 싫어하는 괴짜로 주로 알려진 노인네야. 그렇지만 나는 어느 때보다 더 훌륭하게 일하고 있고, 통일장이라는 내가 늘 해결하려고 노력하는 문제를 풀 수 있기를 아직도 희망하고 있지. 나는 마치 저 높은 하늘에서 비행기를 타고 날고 있는 것처럼 느끼고 있어. 어떻게 저 땅에 다다를 수 있을지를 모르는 채..... 나는 좀 더 나은 시간을 가질 수 있기를 그리고 어떤 약속의 땅과 같은 곳을 흘끗 이라도 볼 수 있기를 희망하고 있어.'

아인슈타인에게 이 통일장은 전 우주의 논리적인 질서를 표현하는 것이었다. 그는 자기 조교였던, 슈트라우스(E. Strauss)에게 '나에게 흥미로운 것은 다음의 두 가지 질문으로 표현할 수 있다. 신은 이 세상을 다르게 만들 수도 있었을까? 논리적 단순성을 위한 요구 조건은 어떠한 자유를 허락하는 것일까?'라고 말한 적이 있었다.

그의 자서전적 메모들을 보면 아인슈타인은 이런 질문을 그의 삶에서 계속 갖고 살았다. 그는 과학에 대하여 "과학은 다른 양들로부터 논리적으로 유도될 수 없는 명확히 중요하고 실험으로 확인 가능한 물리 상수들

1) 뮈섬은 아인슈타인의 가장 가까운 친구 중 한명이었다. 아인슈타인은 뮈섬의 조카인 베티 노이만을 사랑했지만 이루지만 못하였다.

을 다루는 것이다."라고 말했다. 이 상수들은 전 우주 체계에 조금도 영향을 주지 않으면서 다른 수의 값들을 가질 수 있다. 은하계 사이의 거리, 항성 사이의 거리, 행성 궤도의 평균 반경들, 그 행성 자체의 반경들, 그리고 심지어 입자의 반경들은 모두 다르다. 그러나 이런 상수는 우주계의 보편적 체계에 의해 유일하게 결정되고, '신'은 '이 세상을 다르게 만들 수' 없었을 것인가('신'은 세계 질서에 대한 풍자적 필명인가)? 세계 질서는 -논리적 단순성에 대한 요구 조건- 유일한 특정 물리 상수들을 갖고 있는가?

'이런 상수들에 대해 현시점에서는 신앙의 행동으로밖엔 설명할 수 없으며 어떤 다른 것에도 기반을 둘 수 없고 임의의 상수들이 존재하지 않는다. 말하자면, 수적인 값이 이 이론을 파괴하지 않고는 바꿀 수 없는, 고유하게 결정된 상수들을 요구하는, 이론적으로 정당한 법칙들을 정하는 것이 논리적으로 가능하도록 자연은 구성되어 있다는 일반 이론을 밝히고 싶다.'라고 아인슈타인은 말한다.

만약 이 논리적 단순성의 요구 조건이 자유를 허락하지 않는다면 그리고 만약 현실의 통일된 논리 체계가 아무리 작은 변화일지라도 변화과정이 이 체계에 영향을 주지 않는 독립적일 수 없다면, 세계 질서와 상반한 개개의 미세 과정은 그 체계를 파괴하거나 인식될 수 없게 한다. 불합리한 미세 요소들에 기반을 둔 합리적 전체 같은 것은 존재할 수 없는 것이다.

17세기에 무한소의 미적분학 개발은 물리적 원형의 서로 다른 두 개의 개념을 제공했다. 라이프니츠[2] (G. Leibniz)에게 한 무한소는 한 행성과 비교하면 한 알의 모래와 같은 것이었고, 그 한 모래알의 운명은 그 행성의 운명에 그렇게 중요한 것이 아니었다. 한 무한소는 유한하지만 무시할 수 있는 양이었다. 또 다른 한 개념은 무한소들 사이에 존재하는 제한적 관계는 우주의 이성적 법칙들이 갖는 무한한 정확도를 입증하면서, 무한소들을 무한히 작게 만들 수 있는 양으로 취급했다.

2) 고트프리트 빌헬름 라이프니츠(1646-1716)는 독일의 철학자이자 수학자였다. 특히 무한소를 이용한 미적분법을 창시한 것으로 널리 알려졌으며, 물리학, 공학에 많은 공헌을 하였다. 그 외에도 생물학 등 많은 분야에 업적을 남겼다.

아인슈타인은 두 번째 개념을 기본 물리적 사고로서 받아드렸다. 그리고 그는 소우주에 대한 통계적 개념에 만족하지 않았다. 그런 통계적 개념에 의해서 미시세계의 과정들이 확률적으로 취급되고 대단위 집단의 확실성에 접근하는 통계적 발상에 만족하지 않았다. 이런 관점에서 생각하면 개개의 미세과정이 거시적 법칙을 당연히 따르지 않을 수 있다. 근본적으로 이것은 1924년과 1925년에 걸쳐 개발한 양자역학이 기반을 둔 개념이다. 이것에 대해서 다음 장에서 다룰 것이다. 여기서 아인슈타인의 계속되는 양자역학에 대한 '불평'이, 플랑크(M. Planck)의 표현을 빌리자면 주로 직관적인 편견에 의한 것이다. 아인슈타인의 구체적인 논제들은 보아(N. Bohr)에 의해 성공적으로 반박되었지만, 이것도 아인슈타인을 설득하지 못했다. 아인슈타인은 양자역학이 모든 사실과 상반되지 않고 일치하며 그 사실 중 몇몇을 잘 설명해준다고 인정했다. 그렇지만 그는 당연히 해야만 하는 일을 하고서 공을 세웠다고 내세우진 않아야 한다고 지적했다. 양자역학은 그의 과학적 직관과 상반되었다. 1947년에 그는 보른(M. Born)에게 쓴 편지에서 다음과 같이 말한다.

'우리의 과학적 기대 속에서 우리는 반대되는 관점을 향해 움직여 갔다. 당신은 주사위를 굴리는 신을 믿고 나는 객관적 현실 세계에서 완전한 규칙의 지배를 믿는다. 나는 굉장히 이론적인 방식으로 이것을 정의하려고 애써왔고, 누군가가 내가 알아낸 것보다 더 명료한 기반을 찾아낼 수 있기를 나는 바라고 있어.'

또 다른 편지에서 아인슈타인이 현실의 근본적인 법칙들의 비 통계적 성질에 대한 그의 확신이 단지 직관적인 특성만을 갖는다는 것에 대해서도 언급한 바 있다.

"나는 당신이 합리적이라고 인정할 수 있는 방법으로 물리학에 관한 나의 견해를 증명할 수가 없다. 물론 그 통계적 해석이(기존 방식에 근거하여 그것의 필요성은 먼저 당신 자신에 의해서 명백히 인식됐다.) 상당한 진리를 내포하고 있다. 그렇지만 나는 그것을 아직 완전히 믿을 수 없다. 왜냐면, 그 이론은 공간과 시간상에서 멀리서 움직이는 유령과 같은 것을 다루는 것이 아니라 물리학이 현실을 나타내야 한다는 원리와 일치하지 않기 때문이다. 규칙에 의해 연결된 물체들이 확률이 아니고 잠시 전에 우리가 당연하게 여겼던 것처럼, 사실을 설명할 수 있는 진정한 이론들에 결국은 도달할 것이라고 나는 절대적으로 확신하지만. 나는 나의 확신을 논리적으로 주장할 수 없다. 내 밖에서는 아무런 설득력을 갖지 못하는, 내 손가락만이 알고 있는 상황이지."

'신은 주사위를 던지지 않는다.' 아인슈타인의 '신'은 풍자적 인용부에서 고려된다. 그것은 비록 샤토프(Shatov)와 같이 그는 신의 존재를 질문했고 ('.... 나는 신을 믿을 거야'), 신에 대한 믿음을 자신에게 강요하고, 믿음에서 위로를 찾았을지라도, 도스토옙스키를 위한 도스토옙스키의 신과는 전혀 같지 않다. 그러나 우리의 관심사는 사상가 도스토옙스키도, 정통성에 대해 사과하는 그의 대변자로서 그가 사용했던 등장인물들도 아니다. 우리에게 관심이 있는 것은 예술가로서의 도스토옙스키이고, 도덕적 질서를 향해 그가 가졌던 의심들과 질문들 그리고 도덕적 질서를 향한 그의 갈망을 대변하는 등장인물들이다. 이것은 바로 그가 그렇게 생생하고 논리적이고 창의적으로 확신을 갖고 부인했던 섭리적인 질서를 제공하는 신, 이반(Ivan Karamazov)의 신이다. 〈카라마조프의 형제들〉의 절정이라고 생각할 수 있는 장인, 5편 4장의 '반역'을 나중에 다시 이야기하면 그때 개개인의 운명을 무시했던 질서의 통계적 성질에 이반이 불만족했던 것을 이해하게 될 것이다. 섭리적인 질서를 확립했던 신은 단지 이 질서가 불합리한 미세한 것을 무시하는 것에 기반을 두었다는 사실 때문에 그에게 용납되지 않았다.

아인슈타인을 괴롭힌, 주사위를 던지는 신, 평균의 신, 통계적 규칙의 신은 그에게 무엇을 의미하는 것일까? 프랑크(J. Franck)에게 보낸 편지에서 아인슈타인은 이렇게 말했다.

'신이 어떠한 규칙도 없는 세계를, 간단히 말해서, 무질서를 창조했다는 것을 상상할 수 있다. 그렇지만 통계적 규칙이 최종적이고 신은 제비를 뽑는다는 개념은 좀처럼 내가 인정할 수 없다.'

양자 역학을 반대하는 물리적 주장이 섭리적인 질서에 대항하는 도덕적 주장과 공통점이 하나도 없다. 물리적 주장은 물리적으로 설득력이 있음에 의해 판단돼야만 한다. 그러나 여기서 우리는 아인슈타인의 도덕적 이상과 그의 우주 질서에 대한 탐구 및 이와 관련된 것을 고려한다.

아인슈타인의 경우 과학에 대한 흥미를 유발했던 것은 바로 과학이 일상생활에서 도덕적 실패와 불합리한 것에서 도피를 가능하게 해준 것이다. 1918년, 플랑크의 60번째 생일 때, 사람들을 '과학의 신전(temple of science)'으로 인도하는 내적 심리적 동기에 대해 말했다. 그가 플랑크에 관해 말하고 있었지만, 그가 표현했던 소감은 실은 자전적이었다. "많은 사람은 그들의 우수한 지적 감각 속에서 과학을 좋아하게 된다."고 아인슈타인은 말한다. 다른 사람들은 단순히 실용주의적 이유로 과학에 끌리게 된다. 하지만, 플랑크는 사생활에서 객관적 인지와 사고의 세계로 도피하기를 갈망하는 또 다른 부류에 속하는 사람이었다. 이 갈망은 시끄럽고 복잡한 것으로 꽉 차 있는 주변 환경에서 고요하고 맑은 공기를 따라 시선이 자유로이 배회하며, 확실히 영원함을 위해 만들어진 편안한 색을 찾아내는, 높은 산들의 조용함으로 도피하려는 도회지 사람들의 강한 갈망과 비교될 수 있다고 아인슈타인은 부연 설명을 한다.

도덕적이며 나아가 최종적으로 얻을 수 있는 과학적 성취의 한계를 결정하는 사회적 질서를 향한 그의 갈망으로 표시되는 과학자의 도덕성이 아인슈타인에게 가장 중요한 것이다. 그는 마리 퀴리의 부고에 다음과 같이 썼다.

'그들의 단순 지적 업적들보다 한 세대와 역사 속에서 오히려 훨씬 더 중요한 것은 바로 인물의 도덕성이다. 지적 업적들조차도 보통 생각하는 것에 비해 훨씬 더 많이 그 인물의 인격에 의존한다. 나는 마리 퀴리의 인간적 위대함에 더욱더 감탄하게 되었다. 그녀의 강인함, 그녀의 순수한 의지, 그녀의 절제력, 그녀의 객관성, 그녀의 타락하지 않는 판단들, 이 모든 면을 한 개인이 지니기란 무척 힘든 일이다. 그녀는 스스로 사회 봉사자라고 항상 느꼈고, 그녀의 심오한 겸손함은 절대 당연시되지 않았다. 그녀는 계속되는 사회의 불평등에 의해 억압을 받아 왔다. 이것이 바로 그녀의 측근이 아닌 사람에 의해서 쉽사리 잘못 해석 되었던 그녀의 혹독한 엄격성이었는데 그런 그녀의 외면은 어떠한 예술적 재능에 의해서도 줄어들지 않는 신기한 엄격함이었다.'

과학적 창조력의 도덕적 암시는 그것의 심미적 암시와 관련된다. 아인슈타인은 많은 사상가의 글에서 논리적인 주장을 찾지 못했지만, 심미적인 인상을 발견했다. 예를 들어 칸트(I. Kant)의 주장은 그에게 아무것도 제공하지 못했지만, 그는 칸트의 글들을 읽는 것을 좋아했다. 이 철학가의 언어와 사고방식은 독일 문화 전성기와 처음에는 도덕적이었던 레싱(G. Lessing)과 칸트 시대의 독일 지식인의 이상의 특색을 나타내준다. 도덕과 심미적 개념들 사이의 관계는 예술 작품을 고려할 때 더욱더 명확해진다. 예를 들어, 음악적인 면에서는 아인슈타인은 현실의 질서를 표현하는 작품들을 선호했다. 그에게 바흐(Bach)는 고딕 형태를 가진 대성당의 우아하게 뻗어 솟아있는 선들을 생각나게 하는 구조적 특징을 가지며, 동시에 논리적 결론들의 우아한 체계를 갖는다. 와그너(W. Wagner)의 음악은 너무나도 사적이며, 주관적으로 느껴졌다. 모차르트(W. Mozart)의 음악에서 아인슈타인은 인간미를, 정교함을, 마지막으로 그러나 마찬가지로 중요하게, 유머를 찾을 수 있었다. 유머는 쉽사리 무감각하게 하는 책임감을 순화시켜 주고, 인생의 역경들과 부딪칠 때 위로가 되었다고 아인슈타인은 한번 언급한 적이 있다.

아인슈타인에게 예술은 일련의 도덕적 충동이었다. 그것은 인생의 역경을 제거하거나 사회적 책임을 잊어버리게 해줄 수는 없지만, 사람의 느낌과 감정을 다소 수월하게 해주었다. 과학적 흥미와 아인슈타인이 도덕적 질서와 연결되어 있다고 생각했던 우주 질서 탐구로 예술은 동시에 인도하여 주었다.

여기서 우리는 '개인 외부'의 질서 탐구를 향한 아인슈타인의 견해와 도스토옙스키의 견해 사이에 중요한 차이에 주목해야 한다. 아인슈타인에게 개인 밖은 정말로 개인 밖이다. 그는 완전히 자신을 망각하고 있었다. 아인슈타인에게 자신의 성격은 중요하지 않았고, 자신에 대한 완전한 망각은 과학적 성취의 한 조건이었다.

도스토옙스키는 그렇지만은 않았다. 그는 결코 자기 자신도, 지신의 심리적 갈등도 잊지 않았다. 그의 작품에 나오는 모든 인물은, 그의 모든 소설이 그의 자서전이라고 할 만큼, 어느 정도 자기 생각과 감정 및 추억에 대한 대변자이다. 우리가 도스토옙스키의 성격과 그의 소설에서 자신을 작품의 등장인물로 투영한 것을 자세히 보면, 그는 그 인물들에 관해서만이 아니라 자기 자신에 관해서도 계속해서 실험했다. 한 인물에 대한 실험은 곧 그 자신에 대한 실험이기도 했다. 그의 작품 속에 등장하는 인물을 통해 표현되는 것이 자기 자신이든지 자기 성격의 특징이든지, 자신의 지적 또는 도덕적 갈등(대부분 이 두 갈등은 동일하다)에서 벗어나기 위해서 문제를 해결하려는 마음에 사로잡혀 그는 항상 고립된다.

이런 관점에서 도스토옙스키는 인간과 자연의 연결성에 굉장히 민감한 톨스토이와는 상당히 다른 면이 있다. 그의 가장 세련된 인물 중에 나이가 들어 노련하고 교활하며 권력이 있는 〈코사크 사람들〉에 등장하는 예로슈카(Yeroshka)는, 이미 잘 밟아 다져 놓은 행로에 익숙한 동물들이 그런 것처럼, 강둑이나 숲속이나 동물들이 지나간 자국에 대해 익숙하다.

도스토옙스키 작품의 줄거리 배경은 결코 자연적이지 않다. 그것은 그 인물의 분위기와 그의 생각에 아주 잘 어울리는 시각적 부속물이다. 도스토옙스키가 열망하는 질서는 생물학적인 질서도 아니고 사람과 자연의 관련성을 인식하는 것도 아니다. 그가 원하는 것은 사람들과 접촉하는 느낌이고 사회적 질서감이며, 자기 생각이 자기모순이 아니고 도덕적 가치를 갖는다는 느낌이다.

톨스토이에 관한 한 느낌과 감동이 먼저 온다는 사실이 그가 사회적 현실에 대해 합리주의적 비판을 받도록 하지는 않았다. 그의 관능적 사고는 사실상 모든 공공 기관의 불합리함과 무익함에 대한 그의 주장과 공존한다. 기존 사회 체계에 대한 그의 비판은 루소(J.-J. Rousseau)가 가졌던 자연의 질서 개념을 포함한 합리주의적 비판이었다. 자연은 완전한 현실의 척도이므로, 이를 문자 그대로 '자연적'이라고 하겠다. 자연에 더 가까이 다가갈 때 그리고 그 토양에 더 가까이 다가갈 때 인간은 질서를 발견한다. 이것은 그 토양을 경작하는 사람들과의 친밀성을 암시하고 지구 자체와는 더더욱 그렇다. 이런 면에서 톨스토이의 철학은 그의 시적 감정과 일치했다. 그의 창조적 천재성은 자연과 접하고 있는 자연에 녹아 병합되는 사람을 또는 자연의 질서와 사회 부조화와 대치되는 입장을 표현하는 장면에서 그 작품의 최고 절정에 다다른다. 이것의 훌륭한 실례는 〈부활(Resurrection)〉의 서막 절이다.

'수백만 명이 서로 가까이 모여들었던 작은 조각의 토지를, 돌조각들로 땅을 갈고, 싹트는 잔디 잎들을 뜯어내고, 나뭇가지를 잘라내면서, 새와

맹수들을 쫓아내면서, 석탄과 기름의 연기로 공기를 채우면서, 훼손하려고 최선을 다했지만, 시내 중심에서조차 아직도, 봄은 봄이었다.'

'태양은 따뜻하게 내리쬈고, 공기는 상쾌하고, 문질러 뽑히지 않은 잔디는 포석들 사이에서, 넓은 가로수 길거리에 있는 긴 조각의 잔디밭들에서, 아니 모든 곳에서 소생해서 피어올라 왔다. 자작나무들, 포플러, 벚꽃나무들이 끈적끈적하고 향기로운 입들을 펼치고 있었고, 부풀어 오르고 있는 꽃망울들이 라임 나무 위에서 터지고 있었고, 봄의 기쁨으로 충만한 까마귀들, 참새들, 그리고 비둘기들은 둥지들을 준비하고 있었으며, 햇볕으로 따뜻해진 파리들은 벽을 따라 윙윙 소리를 내며 분주히 날아다니고 있었다. 식물들, 새들, 벌레들 그리고 어린아이들 모두가 기뻤다. 그렇지만 어른들은 자신을 그리고 서로를 속이고 고통을 주는 것을 그만두지 않았다. 그들이 거룩하고 중요하다고 여긴 것은 이런 봄날의 아침이 아니고, 모든 창조물을 위한 신의 세계가 주는 아름다움 -마음이 평화, 질서, 그리고 사랑에 쏠리게 하는 아름다움-도 아니고, 서로를 지배하기 위한 그들 자신의 계략만이다.'

여기서 톨스토이의 시적 감각의 근본적이고 중대한 경향이 명백히 드러난다. 사회 질서는 자연 질서의 결과이거나 아니면 적어도 일부분이다. 인간이 봄날의 아침, 태양, 잔디와 새들의 자연적 질서에서 고립되고, 신의 세계의 아름다움을 무시하면서, 사회적 부조화는 형성된다. 큰 도시의 무감각 상태와 부조화는 자연을 배척한 결과이다. 그러나 아직도 자연은 승리하고, 봄날의 아침에 관한 견해가 아닌, 느낌이 아주 겸허하지만 심오하고 정확하게 묘사된다. 도스토옙스키도 역시 〈카라마조프 형제들〉의 '끈적끈적한 작은 잎사귀들'에서처럼, 각성시키는 자연의 주제들을 사용한다. 그러나 톨스토이의 자작나무, 포플라, 벚나무들의 '끈적거리고 향기로운 잎사귀들'과는 얼마나 다른가. 인간과 자연의 밀접한 관계를 표현하는 대신에, 그 인물의 감정을 묘사하고 있다. '그 끈적끈적한 작은 잎사귀들'은 부조화인 세상에 대한 무용한 감정의 상징이다. 도스토옙스키가 갈망하고 있는 그 질서는 사람 간의 내부적이고 인간적이며 조화를 이루는 관계이다.

도스토옙스키에게 인간은 자연으로부터 분리된다. 이것은 그에게 비극이고, 이 비극은 개인의 고립에서 생기는 비극이다. 정말로 도스토옙스키의 작품에서 그려진 도시 장면들은 사람의 왕래가 빈번한 어느 한 도시 거리의 혼잡 속에서도 심지어 사람의 무리 속에서조차 느끼는 인간의 고립을 나타내는 경향이 있다.

이쯤에서 독자는 톨스토이, 도스토옙스키 그리고 아인슈타인의 사상에서 최상의 고립인 죽음에 관한 견해를 비교할 수 있게 될 것 같다.

죽음에 대한 생각은 톨스토이에게 늘 존재 한다; 그리고 에피쿠로스(Epicurus)의 격언 ('우리가 존재 하는 한 죽음은 우리에게 있지 않지만, 죽음이 오면, 우리는 존재 하지 않는다.')에서 또는 설득력이 더 적은 부활이라는 성경적 동화에서 피신처를 찾는다. 예술가로서 톨스토이는 실러(F. Schiller)의 말-'당신은 죽음을 두려워하는가? 당신은 불멸을 꿈꾸는가? 완전체로 살아가시오(여기서 완전체는 자연을 의미한다고 그는 가정했을 것이다). 당신은 죽을지라도 그것은 영원히 계속될 것이요,'-에서 영감을 얻었을 수 있었다. 그의 소설 〈세 죽음(Three Deaths)〉에서 톨스토이는 한 나무의 잘 조화된 평화로운 마지막을 사람의 잔인하고, 무감각한 죽음과 비교한다. 그는 자연의 영원한 조화의 일부분으로 그 나무의 죽음을 묘사한다. '새들이 덤불 속에서 완전 자유분방을 누리며 즐겁게 지저귀며 노래했고, 푸른 나뭇잎들은 나무 꼭대기에서 잔잔하게 바스락 소리를 내고 있고, 살아있는 나무들의 큰 가지들이 시들어 축 처져있는 나무 위에서 천천히 이쪽저쪽으로 흔들리고 있었다.'

톨스토이는 소설 〈주인과 하인(Master and Labourer)〉에서 한 사람이 다른 사람을 위해서 자신의 목숨을 희생하는 이야기를 묘사한다. 그러나 사람을 완전한 인간으로 그리고 인류 불멸의 삶으로 만들 수는 없다.

도스토옙스키도 이것을 갈망할지라도 그 해결을 갖고 있지 않다. 그의 작품 속에 나타나는 주인공은 다른 사람들 속에서도 고립된 혼자이고 이런 고립에 그의 비극이 있다. 이 주인공은 소멸하거나, 개인이 아니라 보통 인간의 도덕적 문제를 해결해 보려는 노력으로 죽음보다 더한 고통을 견디어야만 한다. 자신에 대한 이런 잔인한 실험들과 마찬가지로 다른 사람들에 대한 실험들도 인류가 맞부닥뜨리는 질문에 답하기 위해서 설정되었다. 〈카라마조프의 형제들〉에 등장하는 알료샤 카라마조프와 나눈 대화에서 이반 카라마조프는 자신의 형제와 자신에게 고통을 주고, 악마 자신과 나눈 단독 대화에서 사회적 존재에 대한 문제를 해결해 보려는 노력을 통해 사회적 조화라는 것이 과연 한 개인의 삶을 무시함으로 얻을 수 있겠냐는 질문을 던진다. 이런 문제들은 도스토옙스키 작품 속 주인공들의 양심이라는 문제에서 벗어나 죽음에 대해 생각하게 한다. 그 주인공들의 자의식의 주요점은 기대와 보통 인간의 아름다움 그리고 결국 영속성에 대한 기대이다.

죽음을 향한 아인슈타인의 견해를 우리가 살펴보면 톨스토이의 자연에 대한 친화감과 도스토옙스키에서 발견되는 특징인 인간의 문제에 대한 집중적인 성찰이 합성되었음을 발견한다. 한 방문자가 아인슈타인에게 자신의 임종 때 자신의 인생에 대해 어떤 판결을 내릴 것인지에 대해 질문하자, 그는 '나는 임종 시든 언제든 그런 질문에 관해 관심을 가지지 않을 겁니다. 결국, 나 자신은 자연 속에 단지 작은 입자일 뿐이니까요.'라고 대답했다.

그가 심각한 병에 걸려있던 때인 1916년에 맥스 보른(Max Born)의 부인인 헤드위그 보른(Hedwig Born)이 그에게 죽음이 두려운지 질문했을 때도 그는 유사한 대답을 했다. '아니요, 이런 영원한 흐름 속에서 한 인간과 관련한 실존의 시작과 끝을 조금도 염려하지 않을 만큼 나 자신은 살아있는 모든 것의 일부분이라고 나는 생각합니다.'라고 그는 말했다.

이런 자각은 자연 현상의 영속적 흐름에 대한 것일 뿐 아니라 인간적 이해와 작용의 영속적 흐름에 대한 것이기도 하다. 과학적 호기심은 인간이 하는 업무와 직·간접적으로 관련되어 있고, 그 과학자는 세대 간의 논리적 이해와 상호관계를 설명하려 한다. 몇몇 경우에는 이런 활동이 과학적 활동에 앞서 일어날 수 있고 -마리 퀴리의 사위인 프레데리크 졸리오퀴리(Frederic Joliot-Curie)에게 일어났던 것처럼- 이런 과학적 활동을 어느 정도는 결정해 준다. 프레데리크 졸리오퀴리는 그의 글에서 이런 말을 했다.

'모든 사람은 죽음 후에는 아무것도 존재하지 않는다고 생각하며 무의식적으로 꽁무니를 뺀다. 무효라는 개념은 인간에게 있어서 받아들여지기 어렵고, 그래서 우리는 죽음 후의 삶에 관한 믿음에서 피신처를 찾으려고 해왔고, 유일신에서 또는 많은 다른 신에서 선물로 받아 드려왔다. 나는 합리주의자로 태어났다. 그래서 미숙한 청년 시절 때부터 나는 이런 근거 없이 불합리한 신념을 부인했다. 여러 번 사람들이 그들의 신념을 잃는 것을 보는 모진 처절함을 경험했었다. 그러나 나는 왜 악마는 죽음을 초월한 다른 세상에 있느냐는 말을 하곤 했었다. 젊은 청년 시절 때부터, 내가 죽음에 대해 생각했을 때 그것을 원천적으로 인간의 현세 문제라고 보았다. 영속성은 우리를 우리 전에 존재했던 것들과 사람을 연결해 주는 살아있는 실재의 연속물이 아닐까? 가능하다면 이 기억을 독자들과 나누고 싶다.'

'내가 어린아이였을 때, 한 저녁 내가 숙제를 하느라 바쁠 때 가족의 유산이었던 주석 촛대를 우연히 건드리게 되었다. 갑작스러운 흥분감에 사로잡혀 쓰던 것을 멈추게 되었다. 나는 눈을 감자 한순간에 그 오래된 촛대가 되었다. 그리고 나는 촛대의 눈으로 촛대를 사용하는 인간들의 모습을 생생하게 볼 수 있었다. 누군가가 생일에 지하 저장고로 와인 한 병을 가지러 내려오는 장면도 있었고 작고한 가족 한 사람 주위에 빙 둘러 사람들이 앉아 있는 모습도 보았다. 여러 세기에 걸쳐 그 촛대를 만졌던 손들의 온기를 느끼는 것 같았고, 그들의 얼굴을 보고 있는 것 같았다. 나는 사라진 수많은 사람에게서 대단한 지지를 받는 것 같았다. 물론 이것은 공상이었지만, 그 촛대는 나와 다시는 함께할 수 없는 사람들을 상기하게 해주었다. 나는 살아 있는 그들을 보았고, 마침내 존재하지 않는 것에 대한 두려움을 벗어 던지게 되었다.'

'모든 사람은 지울 수 없는 흔적을 그것이 계단 난간의 나무에든, 계단의 돌 디딤대에든, 지구상에 남기게 된다. 수없이 많은 손의 접촉으로 윤기가 나는 나무를, 수 없이 많은 발걸음으로 닳아 낮아진 돌을 나는 좋아하고, 나의 오래된 촛대를 좋아한다. 왜냐면 그들은 영속한 것이기 때문이다.'

세대 간의 관계를 인식하는 것은 개인 안에서 벗어나는 전이 과정에서 첫 번째 과정이다. 이 지각은 되돌릴 수 없는 무질서에서 질서로 변화하는 인류의 진화를 이해할 수 있도록 한다. 이 세상에 있는 모든 사람은 이런 진화에 기여하고 있고 이것은 그들의 실재적 현세의 영속성을 이루게 한다.

아인슈타인과 같이 도스토옙스키도 개인적 불멸성에 관한 문제는 더 일반적인 문제로 연결되고 확장된다. 개인적, 지엽적, 사적, 미세한 것들에 대한 부인에 기인함이 아니고, 개개인들이 이성화되거나 신성화 되면서 얻어지는 개인적 차원을 떠나 얻어지는 우주적, 도덕적 조화가 과연 존재하는 것인가? 아인슈타인의 드라마와 한없이 고통스러운 도스토옙스키의 드라마는 이런 문제를 다루고 있다는 것을 우리는 보게 될 것이다.

아인슈타인의 드라마는 임의적 개념이다. 한 천재의 30여년의 열정적인 노력이 통일장 이론을 만들어 내지 못했다는 사실은 명백히 극적인 사실이다. 그러나 그 이론에 관한 그의 모든 탐구에서 아인슈타인은 한순간도 그 이론의 가능성에 대해 의심한 적이 없었다. 비유클리드 기하학을 좀 더 비유클리드 (좀 더 역설적이라는 의미에서) 기하학으로 일반화시키는 것이 그 목표에 다다르게 할 것이라고 그는 생각했다. 우주에 질서가 존재한다는데 그는 더욱더 확신이 있었다.

도스토옙스키의 드라마는 비극적이고 참으로 진정한 드라마였다. 그는 신의 섭리에 따른 조화에 대한 단순하고 오래전부터 내려오는 유클리드 신념에서 진전해 나갔다. 역설적인 비유클리드 조화를 고려함으로 유클리드 신념은 개개인의 운명을 무시했다는 것을 알게 되었으며, 이 개념으로는 세상을 도저히 알 수가 없고 결국 관습적 정통성으로 되돌아가게 된다는 것을 표명했다. 이것이 그 사상가의 진화였다. 그 예술가는 되돌아갈 수가 없었고 창조적인 예술은 되돌릴 수가 없었으며 그리고 도스토옙스키는 마음속에서 반항심이 일어나는 것을 어떻게 할 수 없었다.

이제 이반 카라마조프가 비유클리드 조화를 부인하는 장면을 인용해야 할 시점이 되었다. 인간 지력은 삼차원 공간만을 이해하도록 주어졌다. 이것이 유클리드 지성이다. '신이 정말로 존재한다면 그리고 그 신이 이 세상을 진정 창조했다면, 그 신은 유클리드 기하학에 따라서 이 세상을 창조한 것이다', 라고 이반은 말한다. 그렇지만 이점은 토론해야 할 여지가 있다.

"그리고 여태까지도 수학자들과 철학자들이 있었고 지금도 여전히 존재하고 있지. 그들 중에는, 전 우주, 좀 더 폭넓게 말하자면, 모든 존재가 단지 유클리드 기하학만을 따라서 창조되었는지에 대해 의문을 가진 비상한 천재성을 가진 사람들이 있었어. 그들은 유클리드에 의하면 결코 서로 만날 수 없는 두 평행선이 무한대 어디에선가 만날지도 모른다는 대단히 용감한 생각도 해보게 된 거지. 만약 내가 그것조차도 이해할 수 없다면, 어떻게 내가 신을 이해한다고 할 수 있겠냐는 결론을 내리게 되었네. 내가 이런 질문들을 해결할 재능을 갖고 있지 않다는 것을 나는 인정하네. 나는 유클리드 방법으로 생각하고, 세속적인 정신을 갖고 있을 뿐이지 않은가. 그런데 어떻게 내가 이 세상의 것이 아닌 문제들을 해결할 것이라고 기대할 수가 있겠는가? 내 친구 알료샤! 당신에게, 그런 것들에 대해서, 더더욱 신이 존재하는가 안 하는가 하는 것에 대해서 생각할 필요 없다고 나는 말해 주고도 싶네. 이 모든 것은 삼차원만을 이해하도록 창조된 정신세계에는 절대 맞지 않는 문제들이라네."

그러나 '비유클리드' 문제들과 신의 존재에 관한 질문에 관한 토론을 거절한 후에, 이반은 '비유클리드' 질서로 되돌아갔다. (결국 언젠가 우리가 모두 다 합병될 영속의 질서를 나는 믿어. 나는 전 우주가 애써 얻으려고 하는 하느님의 말씀을 믿고, 신과 함께 하며, 신 자체이며 영원한 말씀을 믿는다네) 그는 그것을 받아들이는 것을 부인하지만, 그것의 존재를 인정한다. 비유클리드 질서는 도덕적 질서가 아니다.

"다른 식으로 말하자면, 상처는 회복될 것이고 그 상처의 흔적은 희미해져 가리라는 것을 믿네. 그리고 모든 인간 부조리의 불쾌하고 우스꽝스러운 광경이, 비참한 망상과 같이, 연약하고 한없이 보잘것없는 인간의 유클리드 정신에서 나온 끔찍하고 추악한 발명품같이 사라져 버릴 것을 확신한다네. 영원한 조화의 순간이 될 세상 마지막 날에 모든 마음을 만족시키고 모든 강렬한 분개심을 가라앉혀 주며 모든 사람의 죄와 그들이 흘린 피 값을 보상해 줄 어떤 아주 고귀한 일이 일어날 것이라고 나는 어린아이와 같이 믿고 있다네. 이것은 그 용서뿐만 아니라 여태까지 인간에게 일어난 모든 일의 정당화를 위해 충분할 것이네. 그럼 이 모든 일이 일어나고 지나가게 하세. 그렇지만 나는 그것을 인정하는 것은 아니라네."

왜 이반은 비유클리드 조화를 받아들이지 않는 걸까? 이 질문(과 알료샤와 나눈 그의 대화 전체)은 이 책의 마지막 장에서 자세히 논의할 것이다. 여기서 우리는 그 조화의 거시적 실패에 주목할 것이다. 우리는 그것의 근본적 실패, 개개인의 '미시적' 운명을 나중에 이야기할 것이다.

도스토옙스키가 쓴 많은 책에서 섭리적 조화의 '거시적' 실패들을 이야기하고 있는데, 악마가 이반 카라마조프에게 하는 말에서 가장 의미심장하게 다루어진다. 첫 번째 잘못은 이 조화의 정적인 성질이다. 되돌릴 수 없는 진화가 없는 영속적인 조화, 개개인의 사건이 없는 영속 불변의 상태는 따분하고 현실성이 없어 보인다. 그런 조화가 정말로 존재하는 것일까? 그것은 공허하고 장황한 일개 공상에 불과한 것은 아닌가?

도스토옙스키는 지루하고 정신적인 영속성을 이례적으로 예리하게 묘사한다. 〈죄와 벌〉에서 스비드가일로프(Svidrigaylov)는 라스콜리니코프(Raskolnikov)에게 이렇게 말한다.

"우리는 항상 영속성을 우리 관념을 초월한 무엇인가로 또한 대단하고 방대한 무엇인가로 상상한다. 그런데 그 영속성이 방대해야 하는 이유는 무엇인가? 그런 모든 것 대신에 만약 그것은 단지 하나의 자그만 방이라면 어떨까? 만약 한 시골에 있는 어두컴컴하고 거미가 구석구석에 있는 한 목욕탕 같다면 그리고 그것이 바로 영속성에 대한 모든 것이라면 어떨까? 나는 때때로 그러기를 바랄 때가 있다."

그 시골 목욕탕의 유령 같음은 도스토옙스키가 그의 소설과 에세이에서 굉장히 많이 묘사한 상트페테르부르크의 유령과 비슷한 성격을 가진다. 전체를 구성하는 각 구성 요소들이 무시되어지는 전체는 더는 현실일 수가 없다. 되풀이하여 도스토옙스키는 전체가 해체되어 하잘것없는 요소들로 변화되는 것에 관해 이야기한다. 여전히 정확하고 구체적인 이미지, 그러나 해체와 상호 무시와 무관심의 이미지인 상트페테르부르크의 이미지가 여기에 있다. 그의 작품 〈미성년〉에서 주인공은 도시에서 길을 걷고 있다.

'굉장히 날이 어두웠고, 날씨가 변덕스러웠다. 공기는 건조했지만, 그 상트페테르부르크의 날카롭고, 살을 에는 바람이 먼지와 모래를 쓸어 올리며 내 뒤에서 불어왔다. 보통 사람들이 하루 일을 마치고 그들의 은신처로 서둘러 돌아가고 있는 이 많은 시무룩한 표정의 인파를 보시오! 아마도 그 무리 전체가 일치하는 하나의 생각을 보이는 것이 아닌, 각자의 어두운 근심들을 얼굴에 보이는 개개인들! 크라프트(Kraft)가 옳다. 모두가 분리된 것이다. 나는 한 소년을 만났는데 그 아이는 그런 시간에 거리에 혼자 있다는 것이 이상할 정도로 어린아이였어. 길을 잃은 것으로 보였지. 한 여인이 서서 그 아이와 이야기를 잠시 했지만, 그 아이가 원하는 것을 해결하지 못하고 어깨를 들썩이곤 그 소년을 그 어두움 속에 혼자 내버려 둔 채 지나가 버렸다.'

거듭해서 도스토엡스키는 갑자기 사라져 버릴 수 있는 유령의 도시들과 꿈같은 도시들을 묘사한다. 참된 조화를 빼앗긴 한 사회 (개개인 각자의 운명들을 고려하는 사회)는 비현실적인 곳이다.

〈카라마조프가의 형제들〉은 도스토엡스키의 생생하고 정확한 그만의 형식을 보여주는 대작이다. 그 이미지는 현실적이고 구체적이지만 갑자기 투명해지고 모호해진다. 그 악마가 이반 카라마조프에게 나타난다. 이반이 그의 가장 고통스러운 생각들의 실체화로 여기는 유령이다. 그러나 그것은 너무나도 현실적인 유령이어서 독자는 다른 많은 살아있는 등장인물들보다 더 현실적인 유령을 느낀다.

'그것은 신사인데, 이젠 더는 젊다고 할 수 없는, 프랑스 사람들의 표현에 의하면 러시아 특유의 신사, 꽤 길고 숱이 많은 어두운 색깔의 (단지 몇 가락의 흰머리를 가진) 머리카락과 끝이 뾰족하고 짧게 깎인 수염을 가진 신사였다. 그는 밤색 코트 같은 것을 입고 있었는데 그 코트는 훌륭한 재단사가 만든 것임이 틀림없어 보였지만 3년 전에 만들어져 유행이 지난, 시내 근방에서는 유복한 남자들이 2년 정도는 입지 않았던 스타일이었다. 그의 속옷과 긴 스카프처럼 생긴 넥타이는 신사들이 입는 것과 같아 보였는데, 가까이에서 보았을 때 그 속옷은 더러워 보였고 그 넓적한 스카프는 매우 낡아 보였다. 그 방문객의 체크무늬 바지는 멋지게 재단되었지만, 색깔이 너무 밝았고 지나치게 꽉 끼었다. 그가 쓰고 있는 솜털 달린 펠트 모자도 같은 상태로 확실히 유행에 뒤진 것이었다. 간단히 말하자면 그는 꽤 돈에 쪼들리지만, 교육은 잘 받고 자란 신사의 인상을 주었다.'

이것은 장엄한 기품을 가진 악마이고, 스비드가일로프의 목욕탕과 같이 굉장히 현실적인, 심지어 더군다나 상식적이고 흔하고 진부하기만 한 이미지다. 이 악마는 심지어 어떻게 그가 감기에 걸리게 되었는지를 이반에게 말한다.

"고위직에 있는 한 상트페테르부르크 여인이 개최한 피로연에 참석하기 위해 나는 바로 그때 서두르고 있었다. 그 여인은 그녀의 남편이 각료직을 얻는 것에 목적을 갖고 있었다. 아무도 모르는 곳에 있다가 지구에 도착하기 위해 우주를 통해 날아와야만 했던 장소에 내가 우연히도 있었지만, 그냥 자연스럽게, 정찬 드레스, 흰색 넥타이 그리고 정장, 장갑..... 물론 몇 초 상관이었지만, 그래도 광선조차도 태양에서 지구에 도착하기 위해서 8분이나 걸리지 않나, 바로 거기에 내가 있었던 거지. 상상을 해보게! 정장과 열린 조끼를 입고서 말이지. 영혼은 얼어붙지 않지만 일단 당신이 인간의 형태를 가정하면 -어쨌든 나는 엉뚱한 짓을 하고 출발을 했지. 당신은 알고 있지, 그 텅 빈 곳에, 그 에테르 안에, 창공 위에 있는 물 안에- 왜 그런 혹한이 거기에 있는지 -그것을 좀처럼 혹한이라고만 얘기할 수가 없지- 영하 150도를 그냥 상상만 해보게!"

자, 이제 다른 것 중에서 그 인물의 진부함과 그것이 의미하는 방대한 규모의 영원함에 관한 문제가 얼마나 큰 복합성을 가졌는지 설명해 주는 부분을 볼 수 있다. 그 악마는 조화에 대한 거절이라는 자신의 목적을 이반에게 이야기한다. 그런 거절 없이는 모든 것이 사라지게 된다. '세상에 있는 모든 것이 합리적이라면 아무런 일도 일어나지 않을 것이다.' 아무런 '사건'도 존재하지 않을 것이다.

그 악마는 이반에게 이렇게 말한다. "당신이 나를 노약한 라스콜리니코프로 받아들이기로 작정하지만, 나의 운명은 훨씬 더 비극적이어서 나는 유감스럽게 생각하오. 그러나 사실 나는 정말로 친절한 마음을 가지고 있고 부정을 잘하지 못하는 사람인데, 내가 결코 이해할 수 없을 근본적인 법령에 의해서, 내가 '부인'하도록 정해져 있었어. 아니야, 당신은 가서 부인하시오. 그렇지 않으면 부인함 없이는 비난도 없기 때문이요. 비난하는 난이 없는 신문이 신문이겠는가? 비평이 없으면, '찬양' 밖에는 아무것도 없을 것이야. 그러나 찬양만으로는 인생이 충분하지 않아. 찬양은 의심의 도가니와 같은 것으로 연단이 될 필요가 있다네. 아직도 이런 것은 나의 일이 아니라네. 내가 이 세상을 만들지 않았고, 나는 그런 것에 관한 대답을 갖고 있지 않네. 그들은 자신의 희생양을 선택했고 내가 그 비판적 부분에 기여하게 했지. 그래서 인생이 그 결과인 것이라네. 이것이 무슨 광대극이란 말인가! 나는 나를 지워 버리라고 공개적으로 요청하네. 그들은 아니라고 하면서 '너는 살아야만 해. 네가 없이는 아무것도 있을 수 없어'라고 말하지. 세상에 있는 모든 것이 합리적이라면, 아무것도 일어나지 않을 것이야. 당신 없이는 아무런 사건도 일어나지 않을 것이고, 사건들이 있어야만 한다는 것은 필수적이네. 그래서 나는 부조화인 요소를 조금은 받아들이고 끌어들이지. 사람들은 그들의 확실한 지성에도 불구하고 이 광대극을 심각하게 받아들이지. 그것이 그들 자신의 비극이야. 물론 그들은 고통받지만, 그들은 또한 살아간다. 그들은 환상이 아닌 진짜 인생을 사는 것이지. 고통이 인생이기 때문이지. 고통 없이 어떤 쾌락을 그 인생에서 얻겠는가? 모든 것이 끊임없는 종교적 예배로 바뀔 것이야. 경건하긴 하겠지만, 무감동의 시시한 것일 거야."

그러므로 호산나, 즉 거시적 조화에 대한 주장이 '의심의 도가니에서 연단'될 때, 현실이 생겨난다. 그렇지 않다면, 모든 것이 '끊임없는 종교적 예배', 환상적 현실의 끊임없는 경건의 지루함일 것이다. 그런 후 악마는 그 문제를 우주철학의 차원으로 승화시킨다.

"당신은 지구를 생각할 거야 왜 우리가 사는 이 지구는 수없이 반복해서 나타나고 있는지. 지구가 멸종되고, 얼어붙고, 금이 가고, 여러 조각으로 부서지고 그것의 구성 요소들로 분해되고, 창공 위의 물로 돌아가게 되면 다시 혜성이 되고, 다시 태양이 되고, 다시 그 태양에서 지구로 돌아오게 되는 것을 의미하지. 이런 진화가 무한대로 계속해서 아주 상세한 것까지 모두 같은 식으로 반복되는 것이라는 거지. 가장 최근의 한 지루한 일은....."

도스토옙스키는 한 준-환상적 존재의 두 극단을 묘사했는데, 그 두 극단이 상대 극단 없이는 어느 극단도 존재하지 않는다. 한 극단에서는 통합된 하나의 관념 없이 하나의 공통된 '거시적' 조화를 이루지 못하면서, 분리된 개개인의 인생들이 존재한다. 이것이 바로 〈미성년〉에서 (물론 여기서만 아니고 다른 곳에서도 나타나지만) 나타난 상트페테르부르크인데, 이 도시의 유령 같음은 전체가 분열됨에서 오는 것이다. 그 나머지 다른 극단에는 전체로서의 조화가 서 있다. 각각이 전우주의 역사를 바꾸고 다시 되돌릴 수 없게 하는 사건들을 박탈한 채. 영원한 되돌림과 끊임없는 반복은, 사실상 '가장 추잡하며 지루한 일' 인 환상의 존재인 것이다.

그러면 과연 참된 조화, 참된 현실, 참된 인생은 어디에 있는 것일까? 도스토옙스키는 우리가 알료샤 카라마조프, 조시마 신부 그리고 정통파 관료에서 그것을 찾고자 의도했지만, 그의 시적 표현은 자신의 표현력 전체를 다른 차원의 것에 쏟은 것으로 보인다. 그가 전달하려고 의도했던 것들이 창조적인 측면에서 그리 설득력을 갖지 못했다. 도스토옙스키는 개개인의 존재와 '천상의 조화로운 하모니(music of the spheres)', 즉 진화하는 우주와 일어날 수밖에 없는 합병에 관한 원형을 찾아낼 수가 없었다. 그 합병은 환상에 속하며 심지어 병적이었다.

〈백치〉에서 도스토옙스키는 개개인의 인생이 전체의 삶으로 병합되는 것처럼 보이는, 그런 최상의 조화로운 순간들을 -간질의 발작 직전의 순간을- 묘사한다. 미쉬킨 왕자는 그가 항상 간질 발작이 일어나기 바로 직전에 (만약 그가 깨어 있을 때 그 발작이 생겼다면) 개개의 삶이 전체의 삶으로 병합됨을 느끼는 순간이 있었던 것을 다른 여러 가지 일 중에 특별히 기억했다. 슬픔과 영적인 어두움과 억압 속에 있을 때, 갑자기 그의 뇌 속에서 섬광이 나타나고, 비상한 충동과 함께 그의 모든 활력이 가장 높게 고조된 긴장 속에서 솟아나기 시작했다. 눈 깜작할 사이에 지나가 버리는 이런 순간에, 살아 있다는 느낌, 자의식이 열 배도 넘게 증폭되었다. 이런 최상의 쾌감과 자의식의 빛과 같은 번쩍임은 -그 순간에는 가장 강한 존재감을 주는 것 같았던- 단지 병적이고, 정상 상태에서 이탈행위인 것뿐이었다고, 그가 발작에서 회복되고 나서 자신에게 자주 말하곤 했다. 만약 그렇다면 그 순간은 가장 고귀한 존재의 형태가 아니었고, 가장 천한 형태라고 간주 되어야 한다. 그는 결국 하나의 역설적 결론을 내리게 되었다. "이것이 병이라고 한다면 어쩌지?"라고 그는 말한다. "그 이후에 기억하는 것을 건강 측면에서 분석했을 때, 그 센세이션이, 완전함 그 자체와 공평함, 화해, 무아지경의 헌신, 다시 말해, 최상의 인생을 알게 하고, 조화와 아름다움의 절정이라는 것이 증명된다면, 그 순간이 비정상적이라고 할지라도 무슨 문제가 있는 건가?"....그 이후에, 그 발작이 있기 바로 직전, 그가 의식을 잃기 바로 직전에, 그는 자신에게 명확하고 의식적으로 이렇게 말한 순간이 있었다. "맞아, 사람들은 이 순간을 위해 전 인생을 바칠 지도 모른다!" 의심할 여지없이 그 순간은 전 인생을 걸만한 가치가 있었다. 그렇지만 그는 자신의 주장을 변증법적인 면에 머물게 하지 않았다. 망연자실의 상태, 영적인 암흑 상태, 바보 같은 행위는 분명 이런 고조된 순간들의 부인할 수 없는 결과였다.

조화에 이르는 환상적이지도 않고 병적이지도 않은 현실적인 방법이 존재하는 걸까? 도스토옙스키는 그것을 찾을 수가 없었다. 그렇지만 그 방법은 존재하고, 그리고 도스토옙스키의 시론이 예언적인 이유가 바로 여기에 있는 것이다. '도스토옙스키는 어떤 사상가보다, 가우스보다 더 많은 것을 나에게 준다!'라고 말한 아인슈타인의 발언을 설명하기 위하여, 지금까지 아인슈타인의 창의성과 도스토옙스키의 창의성을 나란히 놓고 비교해 보았다. 이 발언을 완전히 해석할 수는 없다. 도스토옙스키는 쉽사리 정의할 수 없는 특유의 분위기를 통해서 자신의 영향력을 부여한다. 아인슈타인이 한번 언급한바 있었던 것처럼, 과학자들을 발견으로 이끄는 정신적 경로를 설명하기란 그리 쉽지 않다. 찾고자 하는 것이 발견된 후에야, 그 경로는 단순히 객관적인 사건들의 기록인 것으로 파악될 수 있다. 이런 이유로 아인슈타인의 눈을 통해서 도스토옙스키를 그리고 도스토옙스키의 눈을 통해서 아인슈타인을 보려는 우리의 임무를 한정시켜왔다. 이런 식으로 이 두 사람의 특성이 아주 편안하게 드러난다. 이제 우리에게 주어진 임무는 도스토옙스키의 예술 작품의 내용과 아인슈타인의 과학적 업적을 나란히 놓고 비교하면서, 그들을 따라 전개되었던 흐름을 비교하고 당대의 과학과 삶이 그리고 가능한 한 미래에 이루어질 이 맥락에서의 진전을 추적해보려는 것이다.

4 생각과 행동

아인슈타인의 물리학에서 시론으로 전위함에 있어서 반복되는 일반 논제의 참모습이 과연 무엇인지 규명하려는 우리의 시도가 필요하다. 아인슈타인에서 도스토옙스키로 전환될 때도 변하지 않는 바로 '불변량'이라고 부를 수 있는 것을 우리는 찾아내야만 한다. 그 불변량은 아인슈타인의 물리학에서 찾아질 수가 없는데 그 이유는 굉장히 피상적이고 형식적인 유사성으로 밖에는 귀결될 수 없기 때문이다. 그 불변량은 반드시 심리적일 것이고 우주적이고 도덕적인 조화의 증명된 체계에 대한 내적 불만족일 것이다. 현시점에서 볼 때 아인슈타인은 대단히 중요하게 생각되는 발언을 한 적이 있었다. 루마니아의 철학자이자 수학자인 모리스 솔로빈(M. Solovine)에게 보낸 편지에서 그는 이렇게 말했다. '우리가 물체들을 측정하기 위해 사용하는 기기들은 그 물체들과 작용을 한다.' 마치 합리주의자에서 나온 말처럼 이 문장은 너무도 훌륭하고 광범위한 결론을 유도해 낸다. '이성을 부인하는 죄를 범하는 일 없이 우리는 어떠한 결론도 내릴 수가 없을 것이다.'

대부분의 경우 측정하는 기기와 측정되는 물체 간 상호 작용은 무시할 수 있을 만큼 미미하다. 그러나 만약 그 물체들의 구성 입자들이 대단한 에너지를 보유하고 있고 그 측정 행위 자체가 맹렬한 그리고 대격동의 폭발을 포함한다고 가정해보자. 또한 이것이 바로 이 물체들의 원자 단위의 구조와 관련된 '잔인한 실험들'의 한 경우라고도 가정하자. 측정하는 물체와 측정되는 물체 서로에 대한 상호 작용은 분명해지고 말할 수 없이 복잡한 변화 과정들이 작동되기 시작한다면 이런 과정들은, 측정 잣대는 크기(dimensions)를 결정하고 시간을 측정하는 시계는 리듬을 결정하는 전통의 체계를 파멸시키게 된다. 이런 결과는 거시적 접근의 과오를 드러내는 불가피한 이성에 대한 반역(sinning against reason)이다.

이런 거대한 양의 에너지 배출을 초래하는 복잡한 규칙들이 어디서나 적용되는 기본적인 것으로 증명된다면 무엇을 의미하는 것일까? 이 거시적 조화가 이런 복잡한 변화 과정들에서 얻어지는 것이라면 어떻게 되는 것일까?

이것은 아인슈타인이 갈망하고 있던 것이었다. 그러나 그의 기대는 이루어지지 않았고, 그 거시적 조화에 관한 탐구는 물체의 원자적 구조를 계속 무시해야 했다. 아인슈타인은 이것을 그의 상대성 이론의 결함이라고 간주했다. 1949년에 쓴 그의 자서전적 메모에서 그는 자신의 입장을 다음과 같이 요약했다.

'그 이론에서 두 종류의 다른 물리적 존재를 -예를 들어 측정 잣대와 시계들 그리고 전자기장, 물체 지점, 등등과 같은 모든 다른 것을- 도입한다는 사실을 우리는 알게 된다. 어떤 의미에서 이것은 일관성이 없다. 엄밀히 말하면, 잣대와 시계는 사실상 이론적으로 자족한 존재들이 아니고 기본적 방정식(움직이는 원자 수준의 배열들로 구성된 물체들)의 해답으로만 나타내야 할 것이다.'

'잔인한 실험'에서 잔인하다고 표현하는 이유는, 현실에 존재하는 더욱더 복잡한 규칙들에 대한 관습에 의해 의도적으로 이루어지는 무시를 방관하지 않는다는 사실과 관습적 실험의 고정 관념의 한계를 초월한다는 의미에서 잔인하다는 것이다. 이런 규칙들의 배열은 끊임이 없고 현실의 복잡성은 한이 없으며 어떠한 하나의 논리 체계가 그 복잡성 전체를 설명하여주지 못한다.

아주 중요하게, 한 논리 세계체계가 임의적이고 제한적임을 보여주는 '물리적' 증명은 '도덕적' 조화에 대한 개념에서 제시된다. 이것은 에피쿠로스(Epicurus)의 원자 이론에서 볼 수 있다. 에피쿠로스는 세계가 너무도 기계적이어서 더는 아무것도 어떻게 할 수 없다는 숙명론으로 인해 고통받았다. 모든 사건을 정확히 결정하는 자연의 법칙을 따른다면 인간은 자연에 복종해야 할 것이고, 이것은 종교보다 더 심한 경우일 것이다. 에피쿠로스는 이렇게 썼다. '자연 철학자들의 운명에 노예가 되는 것보다 많은 신의 신화를 따르는 것이 더 나을 것이다. 전자는 회유의 여지가 없는 필연성을 내포하는 반면에, 후자는 예배를 드리며 신들의 노여움을 달래려는 희망을 암시한다.'

그러므로 절대적인 기계적 필연성은 원자들 고유의 직선 경로에서 벗어남에 의해 변형된다. 고대 로마의 시인이며 철학자인 루크레티우스(Lucretius)는 에피쿠로스에 대한 해설에서 인간과 자연의 관계에 대해 다음과 같이 설명한다.

'마음은 무언가를 행하려는 내적 힘을 느끼며, 행함은 참고 견뎌내야 하는 정복된 것처럼 억압되는 것이 아니다. 그 행함은 처음 시작점에서 약간의 빗나감으로 인해 임의의 방향으로, 임의의 시간에 초래되는 것이다.'

에피쿠로스의 탁월함은 물리 이론의 두 척도인 도덕적 척도와 물리적 척도를 하나의 물리적 모습으로 종합한 것에 있었다. 고대 철학은 아직도 그 완전성을 유지하고 있었고, 도덕적 척도에서 물리적 척도를 분리해내지 않았다. 그 고유의 '벗어남'은 숙명론을 없애버리고, 동시에 어떻게 원자들이 거시적 물체들을 형성하기 위해 함께 모이는가를 설명해주며, 다시 말해 인식될 수 있는 세계의 형성에 대해 말해준다.

'이런 이유로 해서, 처음에 물체가 미정의 시간에 미정의 위치에서 단지 중력에 의해 아래로 빈 공간을 통해 떨어져 직선으로 내려오고 있을 때, 그들의 진행방향에서 살짝, 단지 추세의 변화라고 부를 정도로만, 밀어 보는 것을 당신이 인식할 수 있길 바라네. 만약 그들이 벗어나는 것에 익숙하지 않다면, 모든 것이 빗방울처럼 깊은 창공 아래로 뚝 떨어져 버리겠지, 충돌도 없고, 첫 시작이 거쳐야하는 타격도 없이. 그렇게 되어 자연은 절대 존재하지 않게 되었을 것이야.'

도덕적 척도와 물리적 척도의 합성이 현실에 대한 단순 객관적 묘사를 부정하는 것은 아니다. 여기서 말하고자 하는 것은 행동의 영역은 거시적 물체들의 영역이고, 거시적 물체 없이는 아무것도 인식되지 않을 것이라는 것이다.

에피쿠로스는 원자 수준의 움직임이 인간의 사고처럼 빠른 속도로 일어나는 직선상의 변위들로 구성된다고 간주했다. 그런데 거시적 물체에서 측정한 다양한 속도는 어떻게 설명할 수 있는 것인가? 에피쿠로스와 루크레티우스에 의하면, 거시적 물체의 속도는 개개의 다른 원자들의 여러 다른 방향으로 움직임들의 평균값이라는 것이다. 이 거시적 현상(과정) 없이는 원자들을 인식할 수 없을 것이고, 그 원자들의 실체는 완전할 수 없다. 다른 한편으로 만약 거시적 존재를 인정하지 않는 미시적 '반항'이 없다면, 원자들은 거시적 물체를 구성하는 입자들이라고 말할 수 없을 것이다. 그 물체들은 그들의 존재가 의심스러운 단순한 공간의 부분들에 불과할 것이다.

고대에 사고하는데 있어 일반적으로 일어났던 것처럼, 시간이 지난 후에 분명해 지는 생각과 역설들의 근본적인 원인을 여기서 알게 된다. 우리는 이런 부정 또는 반대와 함께 살아 갈 것이고, 행동은 불가피하게 거시적 물체들과 함께 가게 되어있다. 에피쿠로스의 물리학 관점에서는 물체들이 평행 경로를 따라 움직인다는 일반 논리 체계에서 추론되지 않는 역설적 현상들이 가능하다. '우주에는 당신의 철학에서 상상해낼 수 있는 것들보다 더 많은 것이 존재한다.' 이것은 셰익스피어의 작품인 〈햄릿(Hamlet)〉에서 나오는 말로서 이런 비교는 우연이 아니다. 그 이유는 햄릿의 비극이 존재의 복잡성에 관한 자신의 깨달음에서 생겨난다는 것이다. 행동하기 위해서 생각을 복잡하게 하는 것을 어느 시점에는 그만두어야만 한다. '합리성을 거스르지 않고는 우리는 결코 어떠한 결론도 내릴 수가 없을 것이다.' 무한정 복잡한 생각은 행동을 만들어 낼 수 없다. 같은 작품에 나오는 포틴브라스(Fortinbras)의 지나가는 군대는, 우주의 복잡성에 관해 생각하기 위해 멈춰 서지 않고, 사려 깊은 생각을 향한 무언의 질책을 하는 역할을 한다('어쩜 이렇게 모든 일이 나를 고발하고 나의 여린 복수심을 부추기는지'). 그 환상의 조화는 희곡 〈햄릿〉의 배경인 크론보르 성으로 유명한 덴마크의 도시인 헬싱괴르(Elsinore)의 거리에서 산산조각이 난다. '세태가 혼란하다.'.... 햄릿은 자신의 아버지를 살해한 암살자에 대한 복수를 호소하는 하나의 새로운 조화를 만들어 낸다. 그러나 그는 계속 생각만 할 뿐 이를 행동으로 옮기는 실천은 계속해서 미룬다.

어떤 생각을 실현화할 가능성은 근본적으로 생각과 존재가 일치할 가능성을 의미한다. 행동을 낳지 못하는 생각은 물리적 내용이 부족한 것이다. 이것은 단지 환상일 뿐이지 현실적 실체가 아니다. 르네상스는 현실적으로 실현이 가능한 조화의 사회적 그리고 도덕적 이상을 추구한다. 르네상스의 과학적 개념은 모든 기본 개념이 -물체의 움직임과 상호작용- 실험적으로 증명될 수 있는 세계 체계였다. 물리적 실험과 정신적 실험이 과학에 있어서 기본적인 방법이었다.

아인슈타인은 과학에 관한 이런 고전적 개념의 발전을 완성시켰다. 실험적 방법으로 증명될 여지가 없고 관찰로 검증될 수 없는 가정들로 이루어진 개념들의 물리적 존재성을 인정하지 않았다. 이러한 물리적 존재성이 결여된 개념들 중에 에테르와 같은 절대적 시간과 절대적 공간이라는 특별한 계에 준한 이동 개념이 하나의 예이다. 그리고 또한 절대적 동시성, 절대적 시간, 그리고 절대적 공간이라는 개념들도 그런 예들에 포함된다. 단지 여기서 거시적 실험만을 이야기한다는 것을 지적할 필요가 있다. 실험이라는 개념은 개별 미립자의 구조를 고려할 만큼 자세히 분석하지 않는 거시적 물체를 전제로 한다. 그렇지 않다면, 한 조각 선의 정확한 길이를 실험으로 측정하는 것 또는 한 시간이라 것이 얼마의 기간인지를 정확하게 실험으로 측정하는 것은 불가능할 것이고 고전 과학이 밝혀낸 세계 모습의 기본 개념들은 그 의미를 잃게 될 것이다.

양자역학은 같은 개념을 더욱더 깊게 전개해 나간 것이다. 현실은 인식될 수 있는 것으로 유지된다. 현실적이라고 정의되는 한 물체에 관한 개념과 우리가 비현실적이라고 정의하는 한 물체에 관한 개념 사이의 차이점은 전자는 '원리적으로' 인식될 수 있다는 것이다. 마치 객관적 현상은 주관적 인식 행위로부터 분리되지 않는 것처럼, 한 실험이 한 현상의 과정을 변화시킨다는 것을 가정하는 것은 옳지 않다. 일들은 인식과 독립적으로 일어난다. 상대적으로 거시적인 물체들이 한 현상에 기여한다는 사실 때문에 그 현상은 원리적으로 인식될 수 있다. 심지어 한 물체를 구성하는 개별 입자가 물체 자체와 같은 형태로 나타나기도 한다. 일억 분의 일초 보다 짧은 시간 동안에 일어나는 미립자들의 초미시적 현상들과 비교 할 때, 수천 분의 일초와 같이 긴 시간에 걸친 움직임은 거시적 현상이 된다. 만약 이런 거시적 물체들이 어떤 현상에 참여한다면, 우리는 기본적으로 그것을 감지할 수 있는 어떤 실험을 생각해 낼 수 있다. 실험 그 자체는 인지 문제의 해답으로서 그 현상에 영향을 주지 않는다. 어떤 현상(a phenomenon)의 객관적 본질이 거시적 물체들과 상호작용을 포함하기 때문에, 그것은 기본적으로 감지될 수 있고 거시적 현상의 작용도 기본적으로 경험할 수 있다. 이것이 그 현상(the phenomenon)을 감지하는 기초가 되는 것이다. 한 입자의 위치와 속도에 대한 정확한 값은 관찰자와 숨바꼭질을 하는 것이 아니라 그런 값은 존재하지 않는다. 에테르에 기준한 움직임은 파악하기 어려울 뿐만 아니라 정말로 존재하지 않는 것처럼, 한 개념이 물리적으로 의미 없음은 해당되는 거시적 물체들이 자연에 존재하지 않는 것에서 기인한다. 상대성 이론에는 기준이 되는 절대적인 거시적 물체(에테르)가 존재하지 않고; 양자 역학에는 운동량을 바꾸지 않으면서 한 입자의 위치가 결정될 수 있는 기준이 되는 작동하는 거시적 물체가 존재하지 않는다. 상대적이고 특권을 갖지 않은 기준 물체들의 존재가 그리고 몇몇의 서로 연관되어 있는 변수들 중에 하나를 나타내는 작동하는 물체가 존재함이 상대성 이론과 양자 역학 각각에 의미를 부여하는 것이다.

닐스 보어(Niels Bohr)가 양자 역학의 현상론적 해석을 반대하고, '관측은 그 현상을 방해한다.' 또는 '측정은 물체의 물리적 특징을 만들어 낸다.' 같은 표현에 반대했을 때, 그가 옳았다. 사건이라는 것은 기본적으로 정보를 생산해낼 수 있는 무언가이고, 측정이라는 것은 어떤 기준의 존재 여부와 기본적으로 관련된 것이다.

관측에 의해 증명될 수 있는 결론을 얻기 위한 기초를 제공하지 못하는 개념은 물리적 의미를 갖지 못한다는 아인슈타인의 전제와 보어의 전제는 상대성 이론을 만들어내고 양자 역학의 기초를 제공해주는 것 이상의 역할을 했다. 모든 획기적이고 새 시대를 여는 물리 이론은 현재의 어떤 과학 문제에 관한 답을 얻는 것보다 더 폭넓은 대답을 제공한다. 한 천재가 얻은 해답은 그 주어진 질문보다 더 폭넓은 질문에 답을 준다. 새로운 길로 들어서야 할 때와 새로운 방법을 써야 할 때 논리의 발전은 항상 내성적인 발전도 동반한다. 논리의 내성적 발전, 다시 말해 새로운 개념과 논리적인 수학적 수단의 창조는 새로운 문제에 대한 궁극적인 해답을 의미한다. 과학적 연구를 위한 새로운 방법은 예술적 창조의 시론과 어떤 의미에서 유사하고, 처음에 의도한 목적보다 더 보편적이고 창조적인 임무들을 해결하고 제안하기도 한다.

아인슈타인의 시론과 보어의 시론이 가진 하나의 특징에 주목해 보자. 그들의 기본적 척도는 수학적, 논리적 개념들에서 얻은 결론들이 원리상 그리고 실험적으로 입증될 수 있다면, 그 개념들은 물리적 의미를 갖게 된다는 것이다. 그들의 새로운 개념들과 방법들은 거시적 구성에 적용된다. 아인슈타인의 시론은 직접적이고 전통적 개념으로 거시적 차원의 것을 다루었지만 보어의 시론은 초-미시적 영역들 (개별체로서 행동하기 불가능한 영역)보다 훨씬 더 작은 영역에서 불변하고 동일성을 갖는 입자들의 움직임을 다루었다. 그러나 아인슈타인의 시론과 보어의 시론은 초미시적 세계에서 거시적 세계로 나가는 더 보편적인 문제를 (만약 해결할 수는 없다고 하더라도) 제기할 수 있는 것으로 입증되었다.

초미시 세계는 심지어 상대론의 에너지들과 비교해도 높은 에너지 세계이다. 이 세계는 질량의 속도에 대한 의존성과 다른 상대성 이론의 관계들을 나타내며, 입자들의 세계선을 바꿀 수 있을 뿐만 아니라 입자의 종류를 한 종류에서 다른 종류로 변형시킬 수도 있는 상대성 밖의 에너지 세계이다.

이제 도스토옙스키의 시론으로 돌아가자.

에피쿠로스의 결론은 -엄격한 법칙에 따른 어떤 현상의 절대적 조절은 행동이 아무 의미도 갖지 못하게 하여 결국 사람을 숙명론에 빠지게 한다는 결론은- 도스토옙스키의 생각과 일치 한다. 절대적이고 불변의 규칙에 대한 신념은 인간을 불능하게 운명 짓는다. '그러면, 의식의 당연하고 논리적인 결과가 관성이라는 것이 아니라면 무엇이겠는가? 의식을 갖고도 뒷전으로 물러 앉아 물끄러미 쳐다 만 보고 있는 관성 말이지.'라고 도스토옙스키는 자신의 작품 〈지하 생활자의 수기〉에서 말한다.

이 자연의 법칙이 밝혀졌을 때, 사건은 의식 활동과 독립적인 것같이 보인다. '그러므로 남겨진 일은 이 법칙을 밝히는 것뿐이고 인간은 그의 행동에 대한 책임이 없게 될 것이다. 그러면 삶은 그에게 있어서 쉬운 것이 될 것이다. 모든 인간의 행위는 로그표와 같은 무언가에 나열될 것이다. 다시 말하자면 숫자 108,000까지를 그리고 시간표로 옮겨지는 것이지.'

'그에게 정말로 쉬울 거야.'라는 말은 에피쿠로스에게는 '희망이 없을 정도로 어려울 거야.'를 의미한다. 도스토옙스키의 '수월함'은 물론 비꼬는 말이다. 그는 숙명론을 받아들일 수가 없다.

'무슨 말을 하는 거야, 친구들. 이 모든 이치(reason)를 지옥으로 보내버리고, 이 모든 로그표를 발밑에서 나오게 하고, 우리 원래의 어리석은 방식들로 돌아가세.'

의지와 행동이 결핍된 완전 합리적 존재는 환상이다. '이치는 단지 이치일 뿐이고, 이것은 인간의 합리적 요구 조건들을 만족시켜 줄 뿐이다. 반면에, 욕망이라는 것은 삶 자체 -전 인생-의 현실화이고, 이치부터 자신의 등을 긁는 행위까지 다 포함한다. 그리고 우리가 욕망에 의해 지배될 때, 인생이 종종 복잡하고 혼란스러워지더라도, 이것이 바로 인생이지 일련의 제곱근을 구하는 것이 인생이 아니다.'

따라서 활동과 한편으로는 인격과 그리고 다른 한편으로는 지식과의 부조화에 대하여 이렇게 말한다. '19세기의 지식인은 용기 없는 피조물일 수밖에 없고 인격자나 활동가는 대부분의 경우 제한된 지성을 갖는다.'

지식은 인간 앞에 벽을 만든다. '즉, 불가능한 돌벽을! 돌벽이 뭐냐고? 물론 자연의 법칙들이지. 자연 과학들과 수학의 결론들 말이야.'

해답은 도덕적 직관과 어긋나는 이런 법칙들을 무시하는 것이다. '그러나 내가 2 더하기 2가 4가 된다는 것을 포함해서, 내가 만약 그것을 싫어할 나의 이유를 갖고 있다면, 내가 그 자연이나 산수 법칙에 관심을 가질 필요가 무엇인가!'

이것은 도덕적 직관과 비이성주의에 기인한 견해로 보인다. 그러나 새로운 법칙들과 새로운 '산수학'을 얻기 위해서 자연의 법칙과 산수의 논리를 무시하라고 도스토옙스키의 시론이 그렇게 많이 요구하고 있지 않다는 것이 밝혀진다.

우리가 도스토옙스키의 시론을 이야기하고 있다는 것을 기억하자. 앞에서 인용한 문구에서, 만약 주인공의 운명에 대한 저자의 난폭한 간섭과 실험적 조건들 속에서, 인간 행위의 구체적이고 진정한 표현들에 의해 그 행위들이 확인되고 확장되지 않았다면, 인간의 영적 인생에서 결코 획기적인 사건이 아니었을 것이다. 더한 것은, 도스토옙스키 시론의 긍정적 합리주의는 자신의 견해인 부정적 비합리주의와 대조된다. 무엇보다 먼저 그의 관념은 실험적 시론이다. 잔인한 실험적 상황 속에서 드러난 인간 행동에 대한 진정한 관찰로 인해, 현실에 대한 수동적 지각의 유클리드 기하학이 주는 무의미함에서 신빙성을 잃게 만드는 것은 지적 주의가 아니라 바로 시론이다.

도스토옙스키의 실험들은 주로 파괴적이고 역설적이며 기존 체계를 부인한다. 이런 실험의 첫 번째 희생자는 우주의 섭리적 조화이다. 그의 관찰 요지는 섭리적 조화를 제거하는 것이다. '지구는 온통 눈물로 가득 차 있다.' 더욱더 복잡한 '비유클리드' 조화가 등장한다. 그러나 더욱더 잔인한 실험은 ('이런 조화를 위해서 개별의 작은 피조물을 고통스럽게 하는 것에 동의하는가?'라고 〈카라마조프가의 형제들〉에서 이반 카라마조프는 알리샤에게 묻는다) 더욱더 복잡한 조화가 개개인의 운명을 무시하기 때문에 그 조화는 아직도 독단적이고 전제적임을 암시한다.

어떤 물리 실험에서는, 상대성 이론의 관계들이 작동할 때, 질량의 속도에 대한 의존성을 나타내는 에너지를 방출할 수 있다. 거기서 좀 더 나아가면, 입자들의 세계선을 우주 질서의 기초로 간주하는 것이 더는 가능하지 않게 될 때 그리고 그 세계선을 구성하는 불연속의 분리된 현상들을 고려해야만 할 때, 그 실험은 초-상대성 에너지를 방출할 수 있다. 도스토옙스키에게 있어서, 이 전통적 조화를 파괴하는 '상대성적' 실험들 후에 개개인의 운명을 무시하는 '거시적' 조화를 파괴하는 '초-상대성적' 실험들이 나타난다.

세계 조화는 결코 전통이나 직관에 기인할 수 없다. 그것은 실험에 의해서 입증되는데 도덕적 가치만 실험 되는 것은 아니다. 도스토옙스키의 작품에서, 개개인의 운명들을 무시하는 것은 조화를 환상으로 만든다. 다른 한편으로 개개인의 운명은 상호 격리되어 환상의 존재를 즐긴다. 이점이 바로 도스토옙스키에서 도덕적 기준이 존재에 관한 기준으로 확장되어 실체론적 의미를 부여하는 이유가 된다. 이것이 바로 도스토옙스키 시론의 요지이다. 유령 도시의 이미지는, 이미지일 뿐이지 어떤 논리적 구성물이 아니고 순전히 창조적 수단에 의해서만 만들어지는 것이다.

도스토옙스키 시론에서 도덕적 기준의 실체적 특성인 도덕성과 물리학 사이의 유사성은 보통 우리가 생각하는 유사성 이상의 것을 갖고 있다는 것을 입증해준다. 모든 시론적 실험, 주인공들과 상황들이 서로 부딪치는 모든 갈등들은 도덕적 가치에 관한 실험이고 존재에 대한 실험이자 세계 조화에 대한 실험이다. 그러나 실험이 시론의 세계에서 일어남에 따라 그 결과는 논리적 공식화가 아니고 존재에 대한 환상적 가치를 나타내는 어떠한 미학적 표현이다.

도스토옙스키에게 시론이 논리와 논리적 추측을 능가한다. 그것은 논리나 논리적 추측이 실험에 쓰이는 하나의 도구이기 때문이다. 도스토옙스키는 그 배경을 조정하면서, 새로운 상황들을 만들어 내면서, 그 주인공들이 다르게 행동하게 하고 다른 말들을 하게 하면서 실험한다. 그는 작품 속 주인공들을 관찰하고, 그가 찾고 있는 답을 기다리며, 그 이야기에서 어떤 전환기의 효과 보기를 기다리고 있다. 도스토옙스키 시론의 주된 목적은 내적 진실성을 성취하는 것이다. 과학적 실험에 적용되는 완전히 동일한 기준이 시론에도 적용된다. 도스토옙스키가 미국의 작가이자 시인인 에드거 앨런 포(Edgar Allan Poe)에 대해 다음과 같이 썼다. '그는 가장 예외적인 현실을 다루고, 그의 주인공을 상당히 외적 또는 심리적 상황들 속으로 데려가고, 깊이 파고 들어가는 대단한 통찰력과 진실성을 갖고 그 사람의 영적 상태를 묘사한다.' 그렇지만 아직도 포의 작품에서 다루는 가장 훌륭한 상황들도, 도스토옙스키가 묘사하는 가장 현실적 배경이 -한 상트페테르부르크 거리, 여관과 다락방의 기록적 묘사- 우주적 충돌에 대한 틀이 되는 차원과 비교할 때, 평범해 보인다. 그리고 '사실'과 인식의 깊이 있는 기준이 실체론적인 것만큼 그렇게 항상 심미적이지는 않다.

그러면 심미적 실험의 실체론적 결과는 무엇인가? 개개의 현상들로, 개개의 운명들로 분해되는 하나의 전체는 비현실적이고 환상적인 것이 된다. 그러나 개개의 운명들을 무시하는 조화에 기인한 전체는 똑같이 실체가 없는, 사건들이 없는, 끊임없는 종교적 예배이다. 도스토옙스키의 시론은 개개의 운명이 그 현실의 거시적 조화를 구성하고, 그 조화에 본질을 부여해 주는 환상이 아닌, 실체가 있는 존재성을 창조해낸다.

5 과학이 우주의 질서를 알아낼 것인가?

'질서 없는 존재는 환상에 불과하다.' 또는 '질서는 각 개체의 운명을 무시할 때만 얻을 수 있다.'는 생각은 도스토옙스키의 책에서 다루는 인류 문제와 아인슈타인의 이론에서 암시하는 물리적 결론들을 연결해준다. 유사성이 아닌 연계성을 -도스토옙스키의 시학이 제시하는 질문에 대해서 질문과 대답의 연계성- 보여준다.

어떤 물리적 개념이 과연 도스토옙스키가 던진 존재론에 관한 질문에 대답이 될 수 있는 것인가? '상상'은 물리적 현실 개념이 부족하지만, 물리적인 대답은 현실에 존재하는 물체(물리적 존재)의 기본 특성에서 찾을 수 있다. 현실에 존재하는 물체(물리적 존재)는 변하지 않는 각각의 고유한 본질을 갖는다. 한 공간은 다른 공간과 다르지 않지만, 공간과 분리된 물체는 자기만의 고유한 정체성을 갖는다. 한 물체의 움직임은 그 물체의 주요한 본질로 정의될 수 있다. 다시 말해서 움직이는 물체의 본질은 움직임 때문에 위치한 공간은 바뀌지만, 그 바뀐 공간에 의해 바뀌지는 않는다. 이런 이유로 데카르트의 물리는 '물체 자체와 그 물체가 움직여간 공간이 어떻게 다른 것인가?'라는 근본적인 질문에 답을 할 수 없는 것이다. 즉, 움직이는 물체의 '움직임'에 물리적 의미를 부여할 수 없다는 것이다. 혹시라도 데카르트가 생각했던 것처럼 물체와 그 물체가 차지하고 있는 공간이 하나로 통합되어 물체의 본질이라고 생각하면, 물체가 움직일 때 우리가 관찰하여 인식할 수 있는 어떤 물리적 현상은 일어나지 않을 것이다. 모든 것이 단지 기하학적 개념으로만 설명될 것이다. 이런 경우, '한 주어진 공간이 물체로 채워져 있다.'라는 말은 아무런 물리적 의미를 갖지 못하고, 마찬가지로 한 물체로 채워진 공간과 빈 공간 사이에는 아무런 차이가 없게 된다. 데카르트가 자기가 생각하는 물리는 기하학적이라고 말할 때 그는 자신이 말하는 물리가 무엇을 의미하는지 올바로 인식한 것이다. 그렇다면 그가 말하는 물리는 결국 '물리적' 성질을 갖고 있지 않은 것을 의미한다. '한 물체가 주어진 공간을 차지하고 있다'라든지 '한 물체가 공간 속에서 움직여 나간다.'라는 말은 더는 실체론적인 사실로 간주 될 수 없게 된다. 물체를 공간에서 분리하는 것은 틀림없이 데카르트가 생각하는 물리의 장해물이었다.

데카르트에 반대하는 사람들은 물체를 공간에서 분리하기 위해 질량 또는 전하와 같은 개념을 고안해 냈다. 이런 시도는 엄밀히 말해서 물체에 대한 시공간에 제한된 개념과는 공존할 수 없는 새로운 정의를 해야 했다. 물체의 질량을 추정하기 위해, 다른 성질들을 도입해야만 하는데, 그 성질들은 움직임이 없을 때는 아무런 물리적 의미를 갖지 않는다는 공통된 특성을 가져야 한다. 먼저 속도가 있어야 한다. 그다음에는 가속도가 있어야 한다. 그러고 나면 한 특정한 역장(어떤 힘이 적용되는 힘과 영역을 의미함)이 주어질 때 그 장 속에서 그 물체의 가속도 값을 알 수 있어야 한다. 경로를 줄인다든지 한계를 넘어간다든지 하면서 확실히 속도와 가속도를 어떻게 구할 수 있는지를 알아야만 한다. 그렇지만, 순간 속도나 순간 가속도라는 개념은 그 물체가 움직이고 있다는 가정하에서만 의미가 있다. 그 양들은 한 장소에서 또 다른 장소로 움직여 가고 있는 한 물체의 행동을 -부분적일지는 모르지만- 설명해준다. 그 특성들은 공간과 시간에 한정되는 개념이 아니다. 오히려, 그 특성들은 시공간의 변화, 즉 움직임을 정의한다. 시공간 한정과 관련해서 생각할 때, 이런 정의 없이 '한 물체가 한 특정한 공간을 차지하고 있다.' 또는 '한 특정한 장소에 한정되어 있다.'라는 말은 물리적 의미를 갖지 못한다.

이런 문제는 한편으로는 입자를 다루고 다른 한편으로는 그 입자가 존재하는 위치를 다룰 때 생생해진다. 원자 물리학의 발전은 한 물체와 한 위치를 구별하는 문제를 한 입자와 한 점을 구별하는 문제로 축소한 것이다.

어떤 공간에 있는 점을 4차원 시공간의 한 지점으로 상상해보자. 또한 확장될 수 없는 한 입자를 상상해보자. 그 입자와 그 세계점의 차이는 과연 무엇일까? 그 세계점에 그 입자가 나타나는 사건은 무엇을 의미하는 걸까? 그 세계선 자체 안에 있는 세계선을 생각해보면, 다른 형태의 질문들도 생긴다. 예를 들어, '실제 물리적 이동과 한 세계선의 차이는 무엇일까?' 또는 '한 세계선이 실체의 한 입자를 의미할 때 그 세계선을 이루는 사건들은 과연 무엇을 의미하는 것일까?'라는 질문이 생길 수 있다.

현대 물리의 발전은 이런 질문들에 대한 새로운 대답을 가능하게 한다. 대답까지는 아니더라도, 가능한 대답의 윤곽을 잡아줄 수 있다. 세계선들로 이루어진 한 계의 질서는 물리적 의미 부여에 필요한 조건을 만족하지 못한다. 그 세계선들이 무엇을 의미하든지, 어느 정도 우리가 그 선들을 일반화하고 복잡하게 만들어도, 또 그 선들의 기하학적 관계를 기묘하게 만들어도, 한 세계점에서 또 다른 한 점으로 이동하는 것과는 다른 변화 과정을 부과함으로써만 그 세계선들에 물리적 의미를 부여할 수 있다. 한 입자의 존재는 한 계의 어떤 점에 위치함으로써만 의미를 가지고, 그 입자의 '움직임'이라는 것을 한 점에서 다른 한 점으로 이동하는 것으로 정의한다면, 그 입자는 단지 기하학적 위치일 뿐이고 물리적 입자라고는 말할 수 없다. 그 입자가 어떻게 움직였는지는 말할 수는 있지만, 실체의 한 입자라고는 말할 수 없다. 사실상, 술어는 있는데 주어가 없는 문장이 된다. 무엇이 움직이고 있는지, 세계선이 무엇의 움직임을 나타내고 있는지에 대한 질문에 대답이 없는 것이다.

현대 이론물리학을 일반화하려고 할 때 소립자의 변형을 세계선을 이루는 사건으로 선택한다. 한 입자를 거시적으로 볼 때 그 본질을 유지하는 것처럼 보여도, 초미시적 차원에서 관찰하면 그 입자의 형태가 한 형태에서 한 다른 형태로 바뀌었다가 다시 처음의 형태로 복원되는 일련의 변형 과정을 거친다는 것을 알게 된다. 이런 형태의 재생이 물리적 실체의, 점유된 세계선을 이룬다고 말할 수 있다.

그러나 자신에 의한 기본적인 재생은 물리적 의미를 갖지 못한다. 한 특정한 형태의 입자라든지, 한 형태의 입자가 또 다른 한 형태의 입자로 변화되었다든지 그리고 그 다른 형태의 입자가 처음 형태의 입자로 회복됐다는 말들은 과연 무엇을 의미하는 것일까? 전자, 양전자, 양자의 수와 관련된 입자의 형태는 그 세계선의 모양이나 주어진 어떤 장 내의 세계선의 곡률 등으로 결정된다. 입자의 형태를 결정하기 위해 그 입자가 어떻게 움직여 갔는지, 그 세계선은 어떤지 그리고 그 입자의 거시적 행동은 어떠했는지를 알아야 한다. (한 위치에 국한된 많은 사건을 포함하는 행동을 말한다) 따라서 '변형'이라는 것은 거시적 행동의 변화와 세계선의 변화를 말한다. 세계선이라는 개념 없이 입자 재생이라는 말은 물리적 의미가 없는 개념이 된다. 구성 요소인 사건이 없는 세계선 자체만으로는 의미가 없는 것과 같다.

그래서 입자의 이동을 세계 질서의 기본 요소로서 생각하는 기존 개념이 기본적인 '변형'에 관한 새로운 개념으로 대체된다는 생각은 옳지 않다. 움직이는 입자들이 우주를 이루는 기본 요소로서 변형될 수 있는 입자에 의해 대체되고 있다고는 생각하지 말아야 한다. 현대 물리는 기본 과정이 전체를 파악했을 때만 의미를 갖기 때문에 세계 질서는 기본 입자들로 구성된 것이 아니라는 다소 과격한 결론에 도달하고 있다.

이런 관점에서 원소의 재생에 관한 초미시적 그림은 물리적 의미를 갖지 못하게 되고, 최종 세계선이 고려되었을 때만 원소 재생은 물리적 의미를 갖는 가상의 과정이 된다. 이 과정은 자체 동일한 물체들의 움직임들이 아니라, 동일하지 않은 다른 물체들의 생성과 소멸의 동일하지 않은 과정들의 쌍들이다. 이 과정이 해당 세계선과 거시적 행동을 암시함으로써 소립자 개념이 적용될 수 없다.

이런 견지에서, 초미시적 재생들을 세계 그림에서 제외할 수 있는 것인가? 아니다. 그 초미시적 재생들을 제외할 수 없다. 그 이유는, 그렇게 하게 되면, 소용돌이치는 바다에서 물리적으로 의미 없는 초미시적 과정들의 스킬라 바위[1]는 피했을지 몰라도, 물리적 의미 없는 비어있는 단순히 기하학적인 거시적 세계선들의 카리브디스[2](Charybdis) 소용돌이의 재앙을 피할 수는 없을 것이기 때문이다. 여기서 시공간으로 표기할 수 없는 가상의 초미시적 과정들을 제거하는 문제가 아니고 그 초미시적 원소들을 무시하지 않는 거시적 과정들에 대한 문제이다.

이 방법은 보아의 상보성 원리에 의해 명확하게 설명된다. 한 입자의 움직임인 행동을 결정할 수 있다. 다시 말해, 입자의 시공간에서 위치를 결정할 수 있다. 즉, 그 입자가 차지한 공간상 위치와 그 위치를 차지한 시점을 한정시킬 수 있다. 그러면 여기서 한 입자의 시공간에서 위치를 정확히 결정했다고 가정하자. 그렇다면 그것에 해당하는 세계점에서 그 입자의 행동을 같은 정확도를 갖고 측정할 수 없고, 그 세계선의 방향이나, 그 입자의

1) 스킬라는 그리스 신화에 나오는 여인으로 몸이 괴물로 변하게 되자 자기를 사랑하던 글라우코스가 떠나가자 그 자리에 그대로 남아 추악하게 변하여 뱃사공들을 잡아먹기도 하고 배를 난파시키기도 하였다. 나중에 바위로 변하여 암초가 되어 선원들의 공포 대상이 된다.

2) 카리브디스는 그리스 신화에 나오는 바다의 여신이자 여자 괴물이다. 그녀의 아버지는 바다의 신인 포세이돈이다. 바다의 소용돌이를 나타내고자 사용하며, 시실리섬 앞바다의 큰 위험한 소용돌이를 나타낸다.

운동량이나 에너지를 결정할 수 없다. 이 양들을 이해하려면 '파동' 개념을 받아들여야만 한다. 파동 과정을 기록하여 얻은 파동의 세기나 진폭을 이용하여 운동량과 에너지가 가질 이런저런 값에 대한 확률을 알아내는 것이다. 마찬가지로 한 입자의 에너지와 운동량을 갖는 그 미립자에 대한 값을 얻었다고 가정하면 공간과 시간을 한정하는 파동 개념을 인정해야만 한다, 즉 한 세계점에 있는 입자를 만나게 될 확률에 해당하는 파동들의 진폭을 결정할 수 있는 것이다. 한 입자를 시공간에서 한정하는 것이 그 입자의 행동을 변화시키는 작업이고, 반대로 한 입자의 행동을 결정하는 것은 그 입자의 시공간 한정을 변화시키는 작업이다.

과연 이런 원리가 일반화될 수 있을까? 유사한 또는 희박하게나마 비슷한 관계들이 양자 역학 범위 밖에서 나타날 수 있을까? 예를 들어, 공간적 존재가 희박한 가상의 초미시적 재생에서 거시적 세계선으로 넘어가는 문제에도 이런 상보성 원리를 적용할 수 있을까? 이런 질문이 생기는 이유는 이 전이가 존재에 관한 실제 조화를 인식할 수 있게 하여주기 때문이다. 보아 자신이 그 상보성 원리를 포괄적이고 논리적인 정확한 원리로 간주했으며, 여러 다양한 과학 분야뿐 아니라 문화에까지 예를 들어 입증했다.

한 입자의 위치 결정(주어진 세계점에서 입자의 존재를 실험적으로 입증하는 물리적 결정)이 최종의 세계선, 그 입자의 최종 행동을 변화시키는 작업이라고 가정하자. 이러한 이유로, 한 입자의 최종 행동에서 일어나는 변화, 그것의 최종 세계선에서 생기는 변화가 그 입자의 종류 변화를 의미하는 한, 그러한 모든 결정이 변형을 일으키는 것이다. 그 입자의 최종 행동 결정 (그 입자의 질량과 전하량 그리고 입자들을 분류하는 성질들에 관한 실험적 입증, 즉 물리적 결정) 모두가 그 입자의 공간과 시간을 한정하는 것을 변화시키는 작업이라고 다시 가정하자. 그러면 모든 변형은 공간과 시간의 변위를 동반한다. 그 결과는 앞에서 언급한 거시적 세계선을 구성하고 그 세계선에 물리적 의미를 부여하는 초미시적 변위-재생 형식이 된다. 여기서 변위들은 전통적 의미의 변위가 아니다: 한 변형 과정에서 입자는 이동하는 것이 아니고 또 다른 시간과 또 다른 위치에 나타나는 것이다. 그렇지만 우리는 여기서 그 소멸과 재출현을 자체 동질의 입자 변위로 취급할 수 있다.

이렇게 가정함으로 입자 재생의 초미시적 상황에서 상대론의 거시적 관계를 유도할 수 있다. 입자의 과정들을 무시하지 않는 우주의 비유클리드 조화를 찾게 해준다. 하지만 그렇게 할 수 있으려면 '확률' 개념에 관한 이해가 필요하다. 한 입자의 재생에 있어 어떤 방향으로도 변위의 기회가 같다면 그 재생 확률은 공간에서 대칭성을 갖는다. 수많은 재생 변위 후에 그 입자는 초기 위치 근처에 있게 될 것이다. 그 입자의 거시적 경로는 거의 영에 가까울 것이지만 입자의 각 변위를 나타내는 그 입자의 초미시적 경로는 길 것이다. 이제 재생 확률이 약간의 비대칭성을 갖는다고 가정하자. 즉 한 방향에 대해서 재생 확률이 그 반대 방향에 대해서 보다 더 크다고 가정하자. 이런 경우라면 수많은 재생 후, 그 입자는 더 큰 재생 확률을 갖는 방향으로 움직일 것이다. 그 확률에서 비대칭의 정도가 적다면 그 방향으로 거시적 경로도 작을 것이다. 비대칭성이 매우 크다면, 그 입자는 더 큰 확률을 갖는 방향으로 빠른 거시적 속도를 갖고 움직일 것이고 그 거시적 경로 또한 길 것이다. 재생 확률의 비대칭성이 최대치에 이르게 되면, 즉 그 입자가 하나의 동일 방향으로만 움직인다면, 거시적 경로는 초미시적 경로와 같게 될 것이고 거시적 속도는 초미시적 속도, 즉 빛의 속도와 같게 될 것이다. 이것이 바로 자체 동일한 입자의 극한 속도가 된다.

여기서 빛의 진행 속도는 그 기준계의 움직임에 영향받지 않는다는 사실을 증명할 수 있다. 이는 분리된 시공간의 초미시적 상황에서 유도된다. 먼저, 그 재생 확률의 비대칭성은 한 입자가 어떤 한 역장 안에서 받는 운동량과 관계있고 그 비대칭성의 진행은 그 역장의 진행과 관계있다는 점에 주시하자. 한 입자의 거시적 속도는 서로에 대해 이동하는 계들 속에서 다르며, 재생 확률들의 비대칭성에 비례한다. 어떤 한 계에서는 그 입자가 거시적으로 빠르게 이동하는 것으로 보이지만 (즉, 다른 방향에 비하여 어떤 한 방향으로 변위들이 더 자주 일어난다) 어떤 한 다른 계에서는 그 입자가 거시적으로 더 천천히 이동하는 것으로 보일 수 있다. 천천히 이동하는 것으로 보이는 것은 한 방향으로 일어나는 변위 수가 그 반대 방향으로 일어나는 변위 수와 크게 다르지 않기 때문이다. 따라서 변화하는 모든 것은 그 비대칭성의 거시적 실현이다. 그 비대칭성이 크든지 작든지 또는 나타나든지 안 나타나든지, 비대칭성의 진행은 모든 재생에서 같다. 어떻게 그 비대칭성이 실현됐는지와 관계없이 그리고 주어진 기본 구획 안에서 어느 방향으로 그 입자가 이동한 것과 관계없이 재생 확률의 비대칭성에 대한 벡터는 항상 같은 방향이다. 초미시적 속도와 비교해서 거시적 속도를 늦출 수 있는 공간적 분산은 존재하지 않는다. 비대칭성의 전파는 하나의 동일 한계 속도로 일어난다. 한 계에서 그 계에 대해서 이동하고 있는 다른 계로 움직여 갈 때, 비대칭성의 크기, 즉 한 입자의 실현이 될 거시적 속도와는 다르게, 그 비대칭성의 전파 속도는 변하지 않는다.

여기서 우리는 한 사건이 일어날 확률과 그 확률에 대한 정확도의 비율에 관심이 있다. 만약 한 사건이 단지 일어날 가능성만 있어도 그 확률 자체는 한 확실한 특정 값을 갖는다. 한 입자가 어떤 장에서 영향력을 받는 방향으로 변위가 일어나는 사건은 단지 가능성이 있다는 것이지 모든 기본 구획에서 일어난다는 것을 의미하지는 않는다. 그런 변위의 확률은 (더 엄밀히 말하면, 이 변위에 대한 확률과 반대 방향에서의 변위의 확률의 차이) 모든 단위 구획 상에 존재한다. 이런 양자 조건에서 비대칭성 전파는 공간적 산란을 경험하지 않고 불변의 최대 속도로 진행한다.

한 입자의 운동량이 크면 그 재생 확률의 비대칭성도 크고, 초미시적 경로는 거시적 경로에 접근하게 되고 -다시 말해, 그 입자는 더 빨리 움직이고- 기본 변위들의 대칭성은 줄어들게 된다. 이것은 그 입자의 질량에 비례하며, 이런 사실은 속도와 관계가 있다는 것을 말해준다. 그러면 기본 변위들의 초기 대칭성이 특정 강도를 갖는다는 사실은 무엇에 기인한 것일까? 대부분의 소립자에서 질량의 존재는 무엇과 관련된 것일까? 이런 질문은 우주론의 기본적 문제들과 관련되어 있을 수 있다.

현대 우주론은 한정되고 균일한 전 우주(metagalaxy)의 존재를 인정한다. 우주의 크기가 너무도 방대하기 때문에 천체, 은하계, 은하계 성운에서와 같은 물질 분포의 국부적 비균일성은 상대적으로 매우 작게 여겨진다. 동질의 물질로 구성된 균일한 두께로 입자를 사방으로 둘러싸고 있기 때문에 전 우주는 대칭적으로 그 입자에 힘을 작용한다고 할 수 있다. 물질 분포의 국부적 비균일성에 기인한 국부 장들이 비대칭성의 원인이 되는 것과 마찬가지로, 아마도, 이전 우주의 대칭적 작용은 그 입자의 무작위 움직임이 주는 대칭성의 근본이 되고 그 대칭성이 압도하는 원인이 된다고 할 수 있을 것이다.

여기서 진술한 생각들은 -아인슈타인과 보아의 생각들을 종합하는 방법과 수단에 대해 내가 다른 곳에서 집필한 내용의 개요임- 일반적으로 현대 물리가 초미시적 국부 과정을 수렴하는 세계 질서에 관한 하나의 제안을 추구한다는 면을 보여주고 있다. 관찰 대상들이 거시적인 집단의 과정을 관측한 평균치와 양적 관계를 고려함으로써 현실을 파악할 수 있다는 전제에서 고전 물리는 유래되었다. 통계적 법칙과 모순되는 과정을 무시함으로 고전 물리 이론은 통계적 법칙과 일치 하지 않는 과정을 고려 대상으로 생각하지 않았다. 이런 견지에서, '신은 주사위를 던지고 있다.' 현실의 법칙들은 각각의 사건들을 우연에 맡기는 것이다. 주사위를 던질 때마다 얻는 하나의 결과는, 다시 말해, 각 분자의 운명은 세계 질서에 아무런 영향도 주지 않는다. 주사위 던짐의 횟수가 매우 많아지게 되면, 나오는 숫자의 빈도가 비슷해지기 때문에 그 나오는 숫자의 분포는 그 법칙을 따르게 된다. 대량으로 취급할 때, 각 분자는 열역학 법칙에 따라 움직이고, 열은 더 뜨거운 물질에서 더 차가운 물질로 흘러가고, 분자의 평균 속도 분포의 균일성은 증가한다.

그러나 이런 통계적으로 처리하는 행위는, 사건의 확률 또는 집단이 될 때 모습을 결정하는 것이 아닌, 즉, 각각의 개별적 사건을 설명해주는 역학의 기본 원리를 무시하는 것이다. 주사위가 떨어지는 방법들은, 주사위가 던져진 순간의 위치, 던져진 힘, 회전 상태, 공기의 미세한 교란 그리고 구체적으로 설명될 수 있는 백 한 가지나 되는 다른 조건들에 의해, 정확하게 정의된다. 마찬가지로, 한 분자의 행동은 그 분자의 속도와 인접한 분자들과 상호 작용에 의해 결정된다. 최종 분석에서 기본 과정들의 해답들은 우연에 의한 것이 아니다.

단 한 입자의 행동과 위치가 단지 통계적으로만 결정되고, 양자 역학은 단지 한 전자가 한 위치에서 나타나는 확률과 거기에 머물 수 있는 가능한 시간 및 그 전자가 가질 수 있는 가능한 운동량과 에너지 크기만을 결정한다는 사실을 고려하면서도, 몇몇 물리학자는 통계적 상황을 좌우하는 좀 더 정확한 법칙을 찾아낼 수 있기를 희망했다. 그 반면에 다른 물리학자들은 그런 희망은 불가능하다고 생각하고, 양자 역학에 대해서는 열역학이 갖는 정당성을 인정하지 않았다. 그렇다면, 그들은 이런 통계학적 법칙들을 자연을 설명하기 위한 궁극적 법칙들로 여겼을까? 보아가 궁극적으로 통계학적 법칙에 기인해서만 생각했을 것이라고는 쉽게 주장할 수 없다. 양자 역학의 도래는, 상대성 이론의 도래와 같이, 궁극적 최종의 법칙들에 대한 개념을 이해할 수 없게 하는 것이 아닌 - 완전히 그 길을 막아 버리는 것이 아니라고 할 때 - 하나의 비 독단적 혁신이었다.

6 도스토옙스키의 질문과 아인슈타인의 대답

〈카라마조프가의 형제들〉의 4편에서 도스토옙스키는 알료샤 카라마조프와 드미트리 카라마조프가 바로 직전에 상처를 주었던, 퇴역한 대위 스네기료프(Snegiryov) 사이의 대화 장면을 묘사하고 있다. 알료샤는 스네기료프에게 돈을 건넨다. 스네기료프는 빈곤에서 벗어나기를 꿈꾸며 계획을 세운다. 그에게 갑작스러운 변화가 생긴다.

'알료샤는 그를 안으려고 하고 있었고, 그는 굉장한 기쁨으로 가득 차 있었다. 그러나 그를 쳐다보더니 갑자기 중단하고 섰다. 스네기료프는 목을 쭉 빼고 입술을 앞으로 내밀며, 백지장같이 창백한 얼굴을 하고 무엇인가 말하려는 것처럼 입술을 움직이며 서 있었다. 그는 자신의 입술을 계속 움직이고 있었지만 아무런 소리도 들리지 않았다. 그것은 유령 같은 분위기였다.

"무슨 일이야?"하며 알료샤는 갑작스럽게 입을 열었다.

"당신에게, 내가 ...."라 스네기료프는 말을 더듬거리더니, 자신을 절벽 아래로 던질 마음을 먹은 사람처럼 이상하리만큼 단호하게 고정된 시선으로 그를 쳐다보며 그리고 동시에 그의 입술에 미소를 지으며, "내가요..그러니까...당신에게..내가 당신에게 재미있는 마술 하나를 보여드려도 될까요?"라고 중얼거렸다. 그는 더듬거리지 않고 단호한 속삭임으로.

스네기료프는 알료샤가 준 지폐를 구겨서 바닥에 던지고 발로 짓밟아 버린다.

그런 일이 있은 지 얼마 안 되어, 알료샤는 이 광경을 자신의 친구에게 이야기한다. 그는 왜 스네기료프가 그 돈을 짓밟아 버렸는지 그리고 왜 이제는 그것을 받을 것인지 그녀에게 말해주었다.

"....그는 고통으로 찌들어 있었지만, 성격이 굉장히 좋은 사람이야. 나는 무엇 때문에 그가 갑자기 상처를 받고 돈을 발로 밟아 버리는지에 대해 계속해서 생각해오고 있어."

그것은 스네기료프가 돈을 받는 것에 대한 기쁨을 숨길 수 없었기 때문이라고 알료샤는 계속 이야기한다.

"....항상 그는 자기 목소리가 너무 작고 힘없다고 나에게 말했고, 그는 너무 빨리 말하고, 계속해서 우스꽝스럽게 낄낄거리며 웃으며 말을 하거나, 그렇지 않으면 울고 있고 -정말로 그는 울고 있었지 그리고 그는 너무 기뻐했고- 그는 자기 딸들에 관해 이야기했고 다른 도시에서 그가 얻기를 원했던 직업.....에 대해서도 이야기했지. 그렇지만 그가 그의 마음을 쏟아부어 내놓자마자 그는 나에게 그렇게 자기 마음을 연 것을 창피해했지.. 그래서 그는 나를 향해 그런 증오심을 곧바로 갖게 되었고 표현하게 된 거야."

이 대화와 계속해서 나오는 이야기들에서 우리는 도스토옙스키의 작품과 밀접한 관련이 있는 '이성주의적 시론' 개념의 적절한 예를 발견한다. 분위기의 역설적 전환은 역설적 논제를 도입하기 위한 자연스러운 전개 방법이다. 불안하고 연약하며 겁에 질린 영혼은 외부로 노출되는 것을 두려워한다. 알랑거리는 비열한 행위를 벗어버리고 정의롭게 자신을 바로잡는 자부심을 갖는 행위로 갑작스럽게 전위함으로 자기 영혼의 연약함과 혼동을 드러낸 것에 대한 두려움에서 탈출을 시도하는 것이다. 물론 이것은 이성주의적 시론이다. 그 역설적 전제는 삼단 논법에 의해서가 아니라 등장인물의 특정 성격에 의해서, ("그의 목소리는 너무 약하고 힘이 없어서 그리고 그는 너무 빨리 말을 해"), 즉 이미지로 표현되는 삼단 논법에 의해서 도입된다. 그 이미지의 특정한 성질은 일어난 일을 이해하려는 알료샤의 욕망 때문에 정당화된다. 그는 '다음에는 스네기료프가 그 돈을 받을 것'이라는 결론에만 관심 있는 것이 아니라, 비합리적인 상황에 합리적 설명을 부여할 수 있는 가능성에도 관심이 있다.

이것은 이성주의에 대한 가장 심각한 문제를 표현한다. 모든 이성주의적 해설은 인간이 하는 행동의 특정한 속내에 의존한다. 한 인간의 개인적이고 독특한 존재성은 현상에 보존되어 있는 것일까? 개개인이 한 이성주의적 체계를 확인하고 증명하며 표현하도록 디자인된 것에 순종하도록 되어있는 실험용 동물의 운명 수준으로 무시되고 몰락되는 것이 아닌가? 알료샤의 친구는 그에게 이렇게 묻는다.

"...들어보게, 알렉세이(Alexey)[1], 너는 우리의 추론이. 아니 너의 추론이 말이야. 아니야, 우리 추론이라고 하는 게 낫겠어. 너는, 우리 추론이 그 불행한 사람을 모욕하고 있는 것을 보여주고 있다고 생각하지는 않아? 우리가 그의 영혼을 어떻게 하늘에서 떨어진 것처럼 분석한다는 건가? 아무런 근거도 없이. 그가 그 돈을 받을 것이라고 아무런 근거도 없이 우리가 확신하는 것은 아닌가?"

도스토옙스키에게 이것은 매우 중요한 질문이다. 그 후 알료샤는 그 친구에게 계속해서 이렇게 말한다.

"그래, 리제(Lise)[2]. 우리가 그의 영혼을 세밀히 분석하면서 그 불행한 사람을 모욕했는지를 묻는 너의 질문은 너무도 많은 고통을 겪었던 사람의 질문이야. 어떻게 잘 표현 할 수 있을지 모르겠지만, 그런 질문이 생기는 사람은 그 고통을 감당할 수 있는 바로 그 자신이지...."

여기에 아주 중요한 질문이 있다. 신념과 전통에서 벗어나서 그리고 생각이 품은 개념들에서 결론을 얻으려 함으로, 각개로는 무시되는 미시적 운명을 단지 거시적 조화 속에 중요치 않은 세부 요소로 바꾸는 위험한 생각을 우리가 피할 수 있을까? 이 질문을 향한 알료샤의 대답은 조용한 체념일 뿐이다:

"단순히 생각해봐, 만약 우리가 그와 같은 사람이라면, 아니, 우리가 모두 그라면, 그것은 어떤 종류의 모욕일 수 있을지를." 그러나 이 질문은 단지 지금 시작된 것이다. 알료샤와 리제의 대화는 〈카라마조프가의 형제들〉의 다섯째 편, 'Pro and Contra'의 첫 부분에 나온다. 같은 날 알료샤는 이반 카라마조프를 만나 세계 조화와 각개 피조물의 고통에 관해 이야기를 나눈다.

세계 조화를 손상하는 첫 번째 논제는 인간의 잔인성과 무력한 피조물을 괴롭히는 바로 욕망이다. 스네기료프의 동요를 설명할 수는 있지만, 과연 사람들이 그의 운명을 받아들일 수 있을까? 사람들이 어떤 죄 없는 희생자의 운명을 받아들일 수 있을까?

1) 알렉세이는 알료샤를 부르는 또 다른 이름임.

2) 리제는 리자베타를 부르는 다른 이름임.

이반 카라마조프는 고문의 예들을 들면서, 먼저 한 말을 향한 그리고 아이들을 향한 고문의 예를 들면서, 자신의 주장을 이렇게 말한다.

"네크라소프[3]는 한 마리 말의 눈 때문에, 특별히 그 말의 온유한 눈 때문에, 그 말을 때리는 농부에 대한 시를 남겼지. 어느 누가 그런 광경을 보지 못했을까? 그것은 완전히 러시아에서 흔히 볼 수 있는 광경이지. 그는 너무나도 무거운 수레를 끄는 한 연약한 조랑말이 어떻게 진흙탕에서 빠져나오지 못하게 됐는지 묘사하고 있지. 그 농부는 그 조랑말을 때린다. 잔인하게 때린다. 결국 왜 자신이 그렇게 하고 있는지 인식하지도 못한 채, 오히려 때리는 행위 자체에 도취하여, 그는 조랑말에게 계속 강타를 퍼붓는다. '이런 약한 놈아! 너는 당겨야만 해! 네가 계속해서 당기기만 하면, 네놈이 죽어도 나는 상관 안 해!' 그 조랑말은 열심히 있는 힘을 다해 당겨 보지만 소용이 없고, 그는 불쌍한 저항하지 못하는 피조물의 눈물 어린 '온유한 눈'을 무시하며 채찍질을 가하기 시작하지. 고통으로 어찌할 바 모르며, 조랑말은 대단히 큰 힘으로 다시 한번 당기자 그 수레가 진흙탕에서 빠져나오게 되지. 그는 자신의 행동이 창피해서, 전신을 떨며 숨이 가빠서 헐떡거리고 깡충 뛰는 듯 이상한 움직임을 하며 수치심이 들어 자연스럽지 못하게 옆으로 움직여 나가지 -네크라소프의 이 장면에서 우리는 불쾌감을 느낀다. 그러나 얻어맞고 있는 바로 그것은 단지 한 마리의 말일 뿐이고 신은 우리에게 채찍질할 말을 허락하셨다. 그래서 타타르족[4] (the Tartars) 조상들은 우리를 가르쳤고 그 채찍을 우리에게 선물로 남겨주었다. 그러나 인간도 채찍을 맞을 수 있다. 잘 양육되고 교육받은 한 신사와 그의 부인도 그들의 일곱 살짜리 어린 딸을 회초리로 때릴 수 있다. - 나는 이 이야기를 자세히 알고 있어. 그 딸의 아버지는 그 나뭇가지가 마디를 갖고 있어 더 기뻐했지. 그의 말에 따르면 그 마디가 더 심한 고통을 줄 것이기 때문에. 그래서 그는 자신의 딸에게 '고통을 주기' 시작한다. 강타에서 육체적 쾌락을 느끼는, 말 그대로 계속되는 강타 하나하나에서 점차 더해가는 육체적 쾌락을 느낄 만큼 흥분되는 사람들이 있다는 것을 나는 확실히 알고 있다. 그들은 때린다. 일 분 동안, 오 분

3) 네크라소프(Nikolai Nekrasov)는 1821년에 출생하여 1877년에 작고한 우크라이나 네미로프 출신의 러시아 시인임.

4) 타타르족(the Tartars)은 지금의 러시아나 구소련의 중앙아시아 지역에 사는 튀르크어를 말하는 족속을 말한다.

동안, 십 분 동안. 그 때림이 더 오래가면 갈수록 그 강타는 더욱더 심한 통증을 준다. 그 어린아이는 소리 지른다. 시간이 지나 마침내 더는 소리를 지를 수 없게 되고, 숨이 차서 헐떡이며, '아빠, 아빠, 사랑하는 아빠!' 라고 외치지."

더는 논리적 주장은 없다. 숨이 차서 헐떡거림 속에서 나오는 '아빠, 아빠, 사랑하는 아빠!'라는 외침은 이성이라는 것을 정신에서 제거한다. 이것은 이성을 신념과 바꾸어 놓기 위해서인가? 이 또한 아니다, 신념은 여기서 아무런 역할이 없다. 여기서 질문은 '고통 당하고 있는 어린아이의 울부짖음을 잊어버리게 해주는 이성이 과연 존재하는가?'이다. 도스토옙스키의 시론은 양심을 우주의 거시적 조화에서 한 개별 피조물의 독특한 개개인의 운명으로 인도하는 것이다. 그 명확한 이미지는 논리적 체계와 일치하지 않고 독자는 사고의 고통을 인식하게 된다. 이런 시론적 수단은 고문을 실행하는 것 같은 실험적인 역할을 한다. '생각'은 시험 되고, 아주 중대한 실험의 대상이 된다.

도스토옙스키는 더욱더 잔악하게 고문하는 장면을 묘사하면서 긴장감을 더해간다.

"높은 사회적 위치를 가졌으며 좋은 교육을 받고 유복한 집안의 가장 존경스러운 사람들인 한 아버지와 엄마는 그들의 다섯 살 난 딸을 싫어했다. 자식에게, 그것도 하나뿐인 자식에게, 고통을 가하는 이런 사랑은 적지 않은 사람들에게 나타나는 기이한 특징이다. 자식에게는 거칠게 행동하는 바로 고문자와 같은 부모들이 다른 인간들에게는 교육받은 사람처럼 그리고 인간미가 있는 사람같이 우호적이고 온화하게 대한다. 그렇지만 그들은 아이들 고문하기를 좋아하고 이것이 자식을 사랑하는 방식이라고 생각한다. 이런 고문자들을 유혹하는 것은 바로 이 어린아이의 저항할 수 없다는 것, 피신할 곳이 없다는 것, 보호받기 위해 피해갈 수 있는 다른 사람이 아무도 없다는 것과 아이가 천사 같다는 사실에 대한 믿음이다. -고문자의 몸에 흐르는 악마의 피에 불을 붙이는 것이 바로 이것이다. 화를 잘 내는 야수, 고문당하는 희생자의 울부짖음에 심미적으로 도취하는 야수, 매춘과 통풍, 병든 간, 등등으로 감염된 병든 야수가 모든 인간 속에 부분적으로라도 숨겨져 있다. 이 불쌍한 여자아이는 그 교육 받은 부모에게 모든 종류의 고문을 당했다. 왜 그들 자신이 그렇게 하고 있는지도 알지 못한 채, 그들은 그 아이의 몸이 멍 자국으로 얼룩질 때까지, 그 아이를 때리고, 회초리질하고, 발길질했다. 마침내 그들은 그 순화의 극치에 도달했다. 그들은 그 아이를 혹한 추위 속에 밤새도록 홀로 가두어 두었다. 그 아이가 밤에 부모에게 일어나라고 보채지 않았기 때문에 (그런 다섯 살밖에 안 된 어린 나이의 아이가, 천사 같은 잠을 자는 이 아이가 그럴 수 있어야만 하는 것처럼), 그들은 그 아이의 얼굴에 똥칠하며 그것을 먹으라고 강요했는데, 그렇게 강요했던 사람이 바로 그 아이의 엄마다! 그리고 그 더러운 곳에 갇혀있는 그 불쌍한 아이의 울음소리를 들으면서도 그 엄마는 밤잠을 잘 수 있었다! 그 아이와 같은 한 작은 피조물이, 그녀 자신에게 일어나고 있는 것이 무엇인지 좀처럼 이해할 수 없는 그 작은 피조물이 그 더러운 곳에서, 그 어두움 속에 버려진 상태에서 그녀의 작은 주먹으로 그 아픈 가슴을 치며, 무감각하게, 원망하지 않는 온유한 눈물을 흘리며 '소중하고 사랑이 많은 하나님'께 그녀 자신을 보호해 달라고 호소할 때, 과연 이것이 무엇을 의미하는지 당신은 이해가 되는가? 온유하고 겸손한 나의 풋내기 친구들, 당신은 이런 어처구니없고 소름 끼치는 일이 이해됩니까? 왜 이런 어처구니없고 소름 끼치게 끔찍한 일이 일어나야 하는 건지 당신은 이해가 됩니까? 그들은 나에게 말합니다, 그런 일이 없었다면 인간이 지구상에 존재할 수도 없었을 것이라고요. 왜냐면, 인간은 선과 악을 알지도 못했을 테니까요. 그런데 왜 우리는 이렇게 많은 값을 치르면서 선과 악을 인식해야만 하는 건가요? 왜 모든 인식의 세계가 그 어린아이의 눈물만 한 가치도 없는 걸까요? 나는 어른들, 기성세대의 고통을 이야기하고 있지 않아요. 그들은 그 에덴동산의 사과를 먹었으니 그들은 지옥으로 가게 내버려 두어야 하니까요. 그러나 이 작은 아이들은, 적어도 이 작은 아이들은 아니지 않은가요! 미안해요, 알료샤, 내가 당신을 고문하고 있네요. 당신이 좀 이상해지는 것 같은데. 당신이 원하면 내가 여기서 그만 그치도록 하지요."

이반은 한 장군의 친애하는 개에게 돌을 던진 한 소년에 대한 일화를 묘사한다.

"그들이 그 아이를 데리고 갔어. 그들이 그 아이를 그의 엄마에게서 데리고 갔고, 그래서 그 아이는 유치장에서 그날 밤을 보내야 했지. 그다음

날 이른 아침 그 장군은 정장하고 사냥하러 나갔지. 말을 탄 그의 부하들과 사냥개 담당자들과 지휘관들로 둘러싸여 그는 자신의 말에 올라탔지. 그의 집에 있는 노예들은 교육받기 위해 소집되었고, 그들 앞에 그 아이의 엄마가 서 있었어. 소년은 유치장에서 내보내 졌지. 그날은 음침하고 춥고 안개가 자욱한 가을날이어서 사냥하기에는 완벽한 날이었지. 장군은 소년에게 옷을 벗으라고 명령했고, 그 어린 소년은 발가벗겨졌지. 그는 어떤 소리도 내지 못하고 쥐 죽은 듯 공포에 떨고 있었다. '그를 뛰게 시켜!'라고 장군은 명령 내렸다. '달려, 달리라고!'라고 사냥개 지휘관들은 소년에게 소리를 쳤어. 그리고 소년은 달렸지. '저 아이를 잡아!'라고 장군은 고함치며 보르조이 사냥개 떼 전체를 소년을 향해 풀어 주었어. 사냥개들은 아이의 엄마가 보고 있는 데서 아이를 뒤쫓아 가 잡았고, 사냥개들은 아이를 잡아 뜯었지! 그 일이 있고 난 뒤로 장군은 그의 토지를 통치하는 권력을 박탈당했을 거라고 나는 믿어. 글쎄, 사람들이 그에 대해 무엇을 해야만 할까? 그를 총살해야 할까? 과연 우리의 도덕심을 만족시키기 위해 그를 총살해야 할까? 나에게 말해봐, 알료샤!"

"그를 총살해야 해!" 알료샤는 잔잔하고 다소 비뚤어진 미소를 지으며 그의 형을 향해 눈을 치켜뜨며 조용히 말했다.

"맞아!" 황홀함과 같은 어떤 것을 느끼며, 이반은 소리 질렀다. "네가 그렇게 말한다면, 너는 고상한 수도자이지! 그래서 그것이 바로 네 마음속에 살고 있는 작은 악마 같은 것이야, 알료샤 카라마조프!"

"내가 말한 것은 불합리한 것이었지만, ..."

"...세상은 부조리들 위에 만들어졌고, 아마도 그 부조리 없이는 세상에서 아무것도 일어나지 않을 거야...."

"내가 말한 것은 불합리한 것이었어. 그렇지만 ..." 알료샤는 말한다. 그렇게 말하는 알료샤에게 이반은 세상은 부조리에 토대를 두고 만들어진 것이라고 단언하며 대답한다. 부조리는 이성적 체계에 반대되는 동시에 그 이성적 체계에 현실을 제공해준다. 부조리 없이는 아무 일도 일어나지 않을 것이고, 그 체계는 유령과 같이 될 것이다. 동시에 이런 불합리한 부조리는 합리적 체계를 부인하게 될 것이고, 질서를 부정하게 될 것이다. 이런 부조리들, 질서에 맞지 않는 이런 고립된 사실들은 무시되어선 안 된다. 단순히 그 질서를 이해한다는 것은 그 사실들을 억압하는 것을 의미한다. "왜냐면, 만약 내가 무엇인가를 이해하기를 원할 때, 나는 그 사실들을 곧바로 바꿔버리게 되기 때문이야."라고 이반 카라마조프는 말한다. 그 사실들을 바꾸지 않으려는 각오 속에서, 그는 존재에 대한 이성적 질서를 부인하고, 심지어 가장 역설적인 '비유클리드' 질서마저도 부인한다.

먼저, '유클리드' 질서, 아무도 책임 없고 모든 것이 길들여지는 단순하고 관습적 체계는 떠나간다.

"...나의 창피한 세속적 유클리드 정신으로 파악할 수 있는 모든 것은,"라고 이반 카라마조프는 계속 말한다. "고통은 존재하고, 아무도 책임지지 않는다는 것, 그리고 단순히 직접적으로 원인은 결과를 가져온다는 것, 모든 것은 어디론가 흘러나가 적당한 곳에 자리 잡게 되지 -그러나 이것은 단지 유클리드 특성의 무의미한 어리석음일 뿐이야. 나는 그런 방식으로 살기를 원하지 않아! 단순히 그리고 직접적으로 원인은 결과를 가져온다는 것은 아무도 책임은 없다는 것이고, 그리고 내가 심판을 받아야 하거나, 그렇지 않으면 내가 나를 파멸시킬 거라는 것을 내가 알고 있다는 것에 나는 관심을 가져야 하겠나...."

그러나 비유클리드 질서의 속죄와 일반적 화해는 소용없다.

"..하늘과 땅에 있는 만물이 한 찬송가로 융합되고 지금 살고 있거나 옛날에 살다 간 만물이 모두, '주님 당신은 정당한 하나님이십니다. 당신의 진실을 우리에게 밝혀주시는 주님!'이라고 외친다면, 이것이 바로 우주의 대 격동일 것을 나는 이해할 수 있네. 그렇게 되면, 정말로 그 엄마는 개에게 그녀의 아이를 잔인하게 물어뜯게 명령했던 고문자를 가슴으로 안아줄 것이고, 그 세 사람 모두 '주님, 당신은 정의로우십니다!'라고 함께 외칠 것이다. 그리고 나면, 물론 인식의 절정에 이르게 될 것이고, 이로써 모든 것이 설명되겠지. 그러나 여기에 문제가 하나 있어. 내가 그것을 받아들일 수가 없다는 거야. 내가 지구상에 사는 한, 나는 그것을 싸워 물리쳐내야만 해. 왜냐면, 알료샤, 만약 내가 그런 시대를 살고 있다면 나 자신도 나머지 사람들과 함께, 그녀의 아이를 고문한 자를 보듬어 안아주는 것을 보면서, '정의로운 주님!'이라고 큰소리로 외치겠지. 하지만 나는 그때 소리 내어 울고 싶지 않아. 아직도 시간이 남아 있는 한, 나는 그것에 대항할 나 자신을 준비시켜야만 하고, 바로 그 때문에 고등의 질서를 몽

땅 포기해버릴 거야. 그것은, 자신의 가슴을 치면서 그녀의 사랑스럽고 친절한 하나님께 그 고약한 악취 나는 변소에서 보상되지 못한 눈물을 흘리면서 기도하던 그 소녀가 흘린 눈물 한 방울의 가치도 없어! 가치가 없고말고! 그것은 그녀의 눈물이 보상받지 못하고 있었기 때문이지. 그 눈물은 반드시 보상받아야만 해. 그렇지 않으면 아무런 질서도 존재할 수 없기 때문이지. 그런데, 어떤 식으로 보상해 주어야 하는 거지? 아니 그것이 가능은 한 걸까? 앙갚음함으로서는 분명히 아니겠지? 무엇 때문에 나는 그 눈물이 보복 되기를 원하는 걸까? 왜 나는 그 고문자가 지옥에 가길 원하는 걸까? 그들의 희생자들이 이미 고문당해 죽었다면 지옥이 무슨 소용이 있는 걸까?....."

어떤 궁극적 질서도 이미 범해진 부조리에 대해 속죄할 수는 없다. 그래서 '평행선들조차도 만나게 해주고, 그들이 만나는 것을 내가 보게 해줘. 내가 그것을 보게 될 거고, 그러면 나는 그들이 만났다고 말하겠지. 그러나 아직도 나는 그것을 받아들이려고 하지 않을 거야.'

이반은 알료샤에게 모든 질서에 대한 -유클리드든, 비유클리드든- 근본적인 질문을 한다. 이것이 이성주의에 대한 가장 잔인한 시험이다. 알료샤가 "세상을 인정하지 않는 것은 반항이다."라고 한 말에 이반은 이렇게 대꾸한다.

"반항이라고? 네가 그렇게 말하니 유감이네,"라고 이반은 감정을 드러내며 말한다. "사람은 계속 반항하며 살아갈 수는 없지. 그런데 나는 살고 싶네. 솔직히 나에게 말해주게 -내가 너에게 간곡히 부탁하니 답을 해주게- 인간을 행복하게 하고 결국 평화와 만족감을 주려는 목적으로 인간의 운명을 좌지우지하는 사람은 바로 당신 자신이지. 그러나 그렇게 하기 위해서 한 작은 피조물로서 자기 가슴을 작은 주먹으로 때렸던 어린 소녀를 죽도록 고문하는 것이 그리고 그녀의 보상되지 못한 눈물을 주춧돌 삼아 그런 저택을 짓는 것이 필요하다고 상상해 보게. 그렇다면 너는 그 저택의 건축가가 되는데 동의하겠는가? 나에게 대답해보게, 거짓말하지 말고!"

"아니, 나는 동의하지 않을 거야,"라고 알료샤는 조용히 말했다.

〈죄와 벌〉에 등장하는 인물인 라스콜리니코프도 똑같은 질문을 자신에게 던졌다. 이것은 우주의 모든 이성적 체계에 대한 가장 중요한 질문이기 때문이다. 〈죄와 벌〉에서 그 질문이 통계적 수치가 무의미함을 밝히는 견지에서 그 질문이 제기된다. 라스콜리니코프는 한 고주망태가 된 타락한 소녀를 보고 그녀의 미래에 대해 생각해본다. 그녀의 운명은 병원, 술, 선술집, 다시 병원 그리고 조기 죽음이다. 그러고 나서 라스콜리니코프는 비꼬는 어조로 통계학에 대해 이렇게 말한다.

"...그런데 무슨 상관이야? 그것은 그럴 수밖에 없는 거라고 그들은 우리에게 말하고 있어. 일부 사람들은 매년 그런 식으로 악의 구렁텅이로 빠질 수밖에 없다고 그들은 우리에게 말하고 있지. 나는 그들 덕분에 나머지 사람들이 그들과는 관계없이 우아하게 살 수 있는 거라고 생각하네. 일부 사람들이 말일세! 그리도 화려한 단어를 사용하여 말하고 있지 않은가! 그들의 말은 꽤나 조직적이고 위안을 주는 것 같다. '일부'라는 단어를 쓰면, 더는 걱정할 것이 없지. 만약 우리가 다른 어떤 단어를 쓰게 되면, 우리는 어쩌면 불편하게 느낄지도 모르지만..."

도스토옙스키는 과연 한편으로는 국부적, 개별적, 독특한 존재, 또 다른 한편으로는 세계 질서의 이성적, 보편적 체계의 상보성을 인지하며 이런 생각을 했을까? 다른 말로 하자면, 개개인의 운명도 무시하지 않는 질서와 전체의 궁극적 질서와 부합하는 개개인의 운명 두 가지 모두를 생각하고 있었을까? 그는 그렇게 생각했지만, 그것은 어떠한 바람직한 사회적, 도덕적 프로그램에서도 표명되지 않은 채 모호한 개념으로 남아있다. 도스토옙스키의 작업은 미래에 던져진 해명되지 않은 일종의 질문이다. 도스토옙스키는 개개인을 전체 질서의 전달 수단으로 보았지만, 그의 개념은 너무 미약해서 구체적 현실의 이미지로 표현되기가 힘들다. 그는 〈카라마조프가의 형제들〉의 후속편 -알료샤의 미래를 생각하며 그를 혁신적이고 이상주의적 카라마조프로 간주했다- 집필을 계획했었지만 현실화하지는 못하였다. 그는 포비도노스테세프[5] (K. Pobedonostsev)와 카트코프[6] (M. Katkov)와 너무 가까이 지내므로 후속 작품을 집필할 기회가 있었음에도 결국 죽기 전 그 기회를 살리지 못하였다.

개개인은 전체를 무너트리는 '연쇄반응'을 일으킨다는 그의 부정적 기

5) 포비도노스테세프(1827-1907)는 러시아의 법학자이자 정치가였다. 그는 반동적 입장의 재변이라 할 수 있다.

6) 카트코프(1818-1887)는 러시아의 영향력 있는 보수 언론이었다. 러시아 민족주의를 지지하였다.

본원칙에서도 그의 단순한 '문제 제시적' 이미지만큼의 구체적이고 창조적인 이미지를 얻을 수 없었다. 도스토옙스키의 작품 〈우스꽝스러운 자의 꿈〉(The Dream of a Ridiculous Man)에 등장하는 주인공은 계속해서 그의 '세계선'을 놓치게 되고, 삶은 단순히 한 개인의 현상이 된다. 그 세계선의 분리는 대단히 생생하게 묘사된다. '나는 갑자기 세상이 존재하든 안 하든 나에게 아무런 상관이 없다고 느끼게 되었다.'라는 주인공의 말은 현실화로 나타나는 분리를 초래한다. 한 어린 소녀가 그의 도움을 바라며 그에게로 달려가지만, 그는 그녀에게 단지 고함을 칠뿐이다. 그는 다른 모든 사람에게 그런 것처럼 그녀에게도 관심이 없다.

'거리는 아무런 인적 없이 비어 있었다. 멀리 떨어진 곳에 한 택시 운전사가 그의 차 안에서 자고 있다. 그 어린 소녀는 여덟 살이었다. 그녀는 목도리를 목에 두르고 있었고 낡은 코트를 입고 있었다. 그녀는 온통 습기로 젖어 있었는데, 특별히 내 시선을 끈 것은 그녀의 찌그러지고 낡은 젖은 신발이었다. 그 신발을 지금까지도 나는 기억한다. 그녀는 나의 시선을 끌기 위해 내 팔꿈치를 잡아당기기 시작했다. 그녀는 울고 있지는 않았지만, 추위에 떨고 있어 정확히 알아들을 수 없는 부정확한 단어들을 발작하듯 소리쳤다. 계속해서 "엄마, 엄마!"라고 외치며, 그녀의 공포에 질린 목소리에서, 무엇인가 그녀를 무섭게 위협했음이 틀림없었다는 것을 느낄 수 있었다.

'나는 그냥 그녀를 쳐다보고는 아무 말도 하지 않은 채 걸어 지나가기 시작했어요. 그녀는 나를 쫓아 달려와 내 소매를 잡아당겼는데, 나는 그녀의 목소리에서 굉장히 공포에 찬 아이들에게 있는 절망을 암시하는 어조를 분별해 낼 수 있었어요. 나는 그 어조를 잘 알고 있었지요. 그리고 그녀는 불분명하게 말했을지라도, 그녀의 엄마가 어딘가에서 죽어가고 있거나, 무슨 일인가가 그녀에게 일어나서 도움을 얻기 위해 나왔다는 것을 알아차릴 수 있었어요. 하지만 나는 그녀와 함께 가려 하지 않았어. 사실은 나는 그녀를 쫓아 버리려고 마음을 먹었어요. 나는 그녀에게 경찰을 찾아가라고 말하기 시작했지만, 그녀는 자신의 자그마한 두 손을 꼭 잡고 흐느껴 울며 내 옆에서 숨을 가다듬으면서 종종걸음으로 따라 걷고 있었어요. 결국 나는 발로 땅을 치며 그녀에게 소리를 질렀지요.'

나중에 그 주인공은 그가 도덕적 질서가 지배하는 외딴 행성에서 사는 거주자를 타락시키는 꿈을 꾼다.

'예, 그래요, 내가 결국 그 무리의 사람을 타락시키고 말았어요! 내가 어떻게 그렇게 할 수 있었는지는, 나는 얘기할 수 없어요. 내가 아주 정확히 기억해낼 수가 없어요. 내가 꾸었던 그 꿈은, 단지 그 전체적인 이미지만 남기고는, 오랜 시간대를 지나 번쩍이며 스쳐 지나갔어요. 내가 기억하는 모든 것은 나 자신이 그들을 고결함에서 타락시켰다는 것이지요. 나쁜 기생충같이, 전 세계를 감염시키는 병원균처럼, 나 자신이 내 사람과 함께 그 행복하고 죄 없는 전 행성을 더럽게 오염시켰어. 그들은 어떻게 거짓말하는지를 알게 되었고, 그렇게 하는 것을 즐기게까지 되면서, 결국 그 허위에서 아름다움을 만끽할 수 있게 되었어요. 이것이 처음에는 단순히 농담으로, 장난으로, 악의 없이, 한순간의 재미로 시작되었을지는 모르지만, 그 거짓의 균은 그들의 마음속으로 깊이 들어가 박혔고 그들은 그것에서 즐거움을 얻을 수 있게 되었어요.'

이 이야기는 긍정적인 '연쇄작용'으로 끝난다. 그 주인공은 세상에 대한 무관심에서 벗어나고, 그의 존재는 변화되기 전의 처음 상태로 돌아온다. 그러나 하나로 통일된 질서를 향한, 개인의 현실적이고 충실한 운명에서 변형들은 (긍정적이든 부정적이든) 단지 추상적이고 또한 도스토옙스키의 시론의 특성도 아니다. 이것은 단지 세계선에서 중요하고 무시될 수 없는 개인 운명에 관하여만 질문을 던진다.

레이 브래드버리[7] (R. Bradbury)가 쓴 공상과학 소설 중 하나에서, 그는 어떻게 과거로 돌아가는 여행자가 삼차의 괴물을 잡을 수 있었는지에 대해 묘사한다. 그 여행자 중 한명은 우연히 몇몇 대수롭지 않은 미생물의 운명을 변화시키고, 그 결과로 지구는 다른 방식으로 진화한다. 그 여행자들이 현재의 시간으로 돌아왔을 때, 그들은 변화된 세상을 만난다. 한 다른 후보자가 대통령 선거에서 당선이 되고, 그 나라는 사회주의의 위협을 받게 된다. 대수롭지 않은 한 사실이 -현실의 통계적 관념상 중요하지 않은, 거시적으로 감지할 수 없어 확실히 물리적 존재로는 부족한- 전체 세계선을 변화시킨다. 이 변화로 인해 그 존재는 감지되며, 감지된 것은 전체를 위한 실체적이고 본질적인 요소로 보인다.

7) 브래드버리(1920-2012)는 미국의 환상적인 소설, 미스터리 과학 소설을 쓴 작가이다. 대표작으로는 〈화성연대기〉와 〈화씨 451〉이 있다.

생물학적인 또는 기계적인 하나의 사건이 인류 운명들을 바꿀 수 없지만, 인간이 갖는 포부가 거시적 세계선을 따른다면, 한 인간의 삶이 인류 문명을 어느 정도 변화시킬 수 있다. 이런 포부와 그들의 실현이 세계선을 구성하고, 그것은 단순히 원칙이 아니라 사람의 역사가 된다. 또한 그들의 열망이 구체적으로 현존하는 것은 그리고 거시적으로 중요한 것은 바로 개개인의 운명이 인류의 거시적 진화를 향한 열망을 구체적으로 나타낼 때이다.

도스토옙스키가 천재성을 보인 특징이었던 구체적 성향을 갖고도 이것을 나타내지는 못했다. 이것은 자기 작품에 등장하는 인물들과 환경이 그의 시론에 끼치는 영향 때문이었다. 시론은 한 작품의 내부 논리에 영향을 주지만 이것은 때로는 저자의 의도와 별로 관계가 없다. 또한 그의 작품 속 등장인물은 그의 시론에 영향을 준다. 창조적인 예술 작품의 두 관점인 이런 '제어하기 힘든 상호작용'은 창조성의 두 구성 요소의 매우 심오하고 보편적인 상보성을 설명해준다. 그 두 요소는 추상적 이성주의 그리고 구체적 (비유적 묘사) 형상과 시론이다. 이 두 요소가 분리될 때, 각각은 의미 없어지고 사실상 더 이상 존재하지 않게 된다. 추상적 논리 해석이 구체적 그리고 개개인의 운명과 관계를 맺지 못하면, 추상적 논리 해석은 주제 없는 생각이 되고 주어 없는 술어가 될 뿐이다. '세계선'에서 또한 궁극적으로 거시적인 근본에서 떨어진 현실적 이미지는, (개개인과 전체 사이를 연결해주는 표현, 그 전체에 대한 개개인의 중요성을 표현하는) 실체적 특성을 전달해 줄 수가 없고, 따라서 의미를 잃어버리고, 결국 술어가 없는 주어가 된다.

도스토옙스키의 작품과 사고에서 두 경향의 -불완전하고 그로 인해 비극적으로 치닫는- 합성을 찾게 된다. 다소 임의로 그 두 경향은 뉴턴과 괴테라는 이름과 연결된다. 이 훌륭한 시인이자 자연주의자인 괴테는 추상적인 조직적 체계를 갖는 고전 물리의 제창자 뉴턴을 자연에서 자연의 본성을 앗아갔다고 비난하며 그의 의견에 동의하지 않았다. 그러나 괴테의 이러한 생각이 그가 훌륭한 이성주의적인 시를 써나가는 것을 막지는 않았다.

괴테나 다른 훌륭한 예술가처럼 도스토옙스키도 적나라한 세상을 보았고, 그렇게 명백하게 눈에 보이는 세상은 그에게 무한히 소중했다. 이반과 알료샤 카라마조프 사이의 대화 초반 부에 나타나는 표현, '성가신 작은 잎사귀들'을 상기해보자.

"....그것이 논리에는 맞지 않더라도 나는 계속해서 살아가고 싶어. 세상에서 일어나는 일들에서 질서를 내가 믿지 않는다 할지라도 나는 여전히 봄에 움트는 성가신 작은 잎사귀들을(sticky little leaves) 좋아하네. 나는 파란 하늘을 좋아하네. 왜 좋아하는지 모르면서도 때때로 사람들이 좋아하는 사람들을 나는 좋아하네. 나는 내가 오래전에는 믿지 않았지만, 습관적으로 내 가슴 속에서 여전히 존경하는 인간의 업적들도 좋아하네. (여기 당신의 생선 수프가 있으니, 먹어보게. 굉장히 맛이 있다네. 이 사람들은 이 수프를 제대로 만들 줄을 알고 있다네) 나는 유럽을 여행하고 싶다네, 알료샤. 그런 후 나는 외국으로 나갈 걸세. 내가 단지 무덤을 향해 가고 있다는 것을 나는 아주 잘 알고 있지만, 그것은 굉장히 고귀한 무덤이지 -아무렴, 그렇고말고! 거기에 누워있는 죽은 사람들은 고귀한 사람들이지. 그들 위에 놓인 비석들이 내가 땅바닥에 엎드려 그 비석에 입맞춤하며 그들 위에서 애통해 울 정도로 열렬한 그들의 열정적인 삶을, 그들이 성취한 것을, 내가 이미 알고 있는 그들에 대한 사실들과 그들이 겪었던 고통에 대한 그들의 강렬한 신념에 관해 이야기해 주고 있지- 동시에, 나는 이곳이 오랫동안 그저 무덤에 불과한 것을 나는 또한 잘 알고 있어. 그리고 나는 절망하며 눈물을 흘리지 않을 거야. 나는 단지 행복해 눈물을 흘릴 걸세. 나는 나 자신의 감정에 취하게 될 걸세. 나는 봄에 움트는 그 성가신 작은 잎사귀들과 그 파란 하늘을 좋아하네. - 그렇고말고! 이것은 지성이나 논리에 대한 문제가 아니야. 당신은 온 마음과 정열을 다해 좋아하는 거지. 당신은 처음으로 자기 젊음의 힘을 쏟아붓고 있다는 느낌을 정말 좋아할 걸세...."

그 성가신 작은 잎사귀들은 논리적 패턴에 적합하지 않지만, 도스토옙스키의 눈과 마음을 끈다. 유럽은 그에게 무덤과 같이 느껴지지만, 그는 존재하는 모든 것을-심지어 용감한 행동들, 인간, 파란 하늘, 봄의 성가신 작은 잎사귀들과 같은 비유적인 것까지도- 사랑하는 것처럼 그 무덤도 사랑한다.

'성가신 작은 잎사귀들'의 비유적인 성질은 없애고, 그 존재를 현실로 인정할 수 있는 논리를 생각해낼 수 있을까? 개개인이 하찮은 존재가 아닌, 개개인의 운명이 무시되지 않는 보편적 질서는 과연 가능한 것일까? 어떤 시적 묘사 같은 표현을 통해 우주 논리를 밝히는 이성적 시론은 과연 가능한 것인가?

이 질문들 사이에는 특별한 연관이 있다. 첫 번째로, 만약 '성가신 작은 잎사귀들'을 정당화할 수 있는 논리가 있다면, 보편적 질서와 이성적 시론도 존재해야만 한다. 두 번째로, 더 중요한 점으로, 우리 당대에 이 세 질문 모두에 긍정적인 답을 얻었다. 우리는 개개인을 무시하지 않으면서도 우주의 모든 세부요소를 향한 긍정적 태도의 논리를 개발했다. 개인적 운명을 무시하지 않고, 오히려 그들의 진수, 중요성과 가치를 전제로 하는 전체 도덕적 질서를 우리는 알고 있다. 또한 우리는 이성적 시론이 현실적으로 구현됨을 인식하게 되었다.

예전과는 달리 오늘날에는, 한 문명의 운명은 다음 질문에 대한 대답에 달려있다: 인류가 도덕적 질서를 이루게 될 것인가? 인류가 모든 사람의 인생과 행복을 무시하지 않으며 자연에서 도덕적 질서를 찾아낼 수 있는가?

그러면 여기서, 자연의 우주 질서 탐구와 사회적 그리고 도덕적 질서 탐구 사이의 구체적 상호작용들을 고려해보자. 우주 질서에 대한 탐구는 과학을 상대성의 세상으로 이끌었다. 원자 시대 초기, 졸리오퀴리[8](Frederic Joliot-Curie)는 핵분열의 연쇄반응을 발견했고, 그의 생각들은 새로 부상하는 과학의 분야인 핵물리에 대한 도덕적 그리고 사회적 관점에 관심을 유발하였다. 1951년 그는 1939년에 할반[9](H. Halban)과 코와르스키[10](L. Kowarski)와 나눈 대화를 상기한다.

'우리는 과학의 핵심 문제 중의 하나인, 원자 분열의 연쇄 반응에 대한 해답을 이제 찾았어요. 우리는 이 발견이 어떤 면에 응용될 것인지, 그 결과로 인류에게 어떤 영향을 주게 될 것인지, 그리고 우리가 지금 무엇을 해야만 하는지를 알고 싶었어요. 우리가 계속해 나가야 할까요? 아니면 지금 여기서 멈추고 이 중요한 발견을 나쁜 목적으로 사용할 모든 가

8) 프리데리크 졸리오퀴리(1900-1958)는 메리 퀴리의 딸인 이렌 졸리오퀴리의 남편이다. 물리학자이며 메리 퀴리의 실험실 조수로 일하였다.

9) 한스 폰 할반(1908-1964)은 오스트리아와 유대 혈통을 물려받은 프랑스 물리학자이다. 주로 핵분열 관련 연구를 하였다.

10) 루 코와르스키(1907-1979)는 프랑스로 귀화한 프랑스 핵분열을 연구한 핵물리 과학자이다.

능성을 인류가 막을 수 있는 상태가 될 때까지 기다려야 할까요? 우리는 우리의 연구를 계속 진행해 나가야만 한다고 결정을 내렸습니다. 우리가 팔짱을 끼고 앉아있는 것은 비겁함과 인간에 관한 자신감 부족을 보이는 것이기 때문에, 우리는 계속해 나가야만 했습니다.'

'과학자로서 우리의 의무는 자연에서 그 자연이 가진 비밀을 알아내려는 노력을 계속하는 것이다. 그것은 미래에 인류에게 큰 혜택이 될 약속을 지키는 것이었다. 그러나 동시에 우리의 발견을 사람들이 평화를 위한 목적으로만 사용하는 것을 보장하기 위해 다양한 대중 활동을 하도록 결정해야만 했다.'

그 당시, 이들이 걱정한 것이 바로 원자폭탄에 대한 질문은 아직 아니었다. 히로시마 원폭은 나중에 대두된 문제이다. 졸리오퀴리, 할반, 코와르스키는 우라늄 분열이 파괴적인 힘이 될 것을 예상할 수는 있었지만, 문명에 대한 협박이 될 것이라고는 예상하지 못했었다. 여기서 문제는 그 자체 안의 도덕에 관한 것이다. 그것은 〈죄와 벌〉에 등장하는 라스콜리니코프의 문제와 〈카라마조프가의 형제들〉에 등장하는 이반 카라마조프의 문제를 일반화시켰다: 미래의 질서를 위한 사람들의 고통과 죽음이 과연 정당한가? 단지 여기서 질문은 우주 질서를 인정할 것인가 안 할 것인가가 아니었다. 그것은 이 질서의 근본을 찾으려는 것이었다. 이런 상황에서 '손을 뗀다.'는 것은 핵물리 발전을 위해 일하기를 거절한다는 것을 의미했을 것이다.

아직 히로시마 사건이 일어나기 오래전이었지만, 과학자들이 이것이 현실적으로 얼마나 위험한지 평가하는 것을 멈추기에는 그렇게 많은 시간이 남아있지 않았다. 이 새롭게 발견된 반응들이 예상할 수조차 없을 정도의 파괴적인 힘을 가지고 있다는 이야기들이 이미 알려지게 되었다. 사소한 파괴로 이야기하는 것은 이미 불가능했다. 그것은 연쇄반응에 대한 것이다: 일단 시작이 되면 이 참사는 기하급수적으로 확대될지도 모르는 것이었다.

히로시마 원폭 사건이 일어난 후, 사회적 책임에 대한 과학자의 감각은 더욱더 예민해지게 되었다. 원자 폭탄을 개발한 이후, 과학자가 사회적, 도덕적 문제를 함께 고려하지 않고 우주 근본 문제들에 관해 연구하는 것은 불가능하게 되었다. 오늘날 자연 위에 군림하는 인류의 커지는 힘과 그들이 이해하는 자연법칙에서 인류의 양심이 분리되어선 안 된다. 1959년 로버트 오펜하이머[11](R. Oppenheimer)는 '2차 세계대전 동안 둔감해진 인류의 양심이 거대한 도덕적, 정치적 손상의 원인이 되었다'라고 말하였다. 양심에 대한 가책과 모든 인간 삶에 대한 책임감이 과학적 발전과 함께 가야만 한다.

우주 질서에 관한 탐구는 지금 상대론적, 초-상대론적 에너지에 대한 조사를 통해 진행되고 있다. 우주 질서는 단지 세계선들의 체계가 아니다. 그것은 소립자 변환의 초-미시적 현상들도 포함한다. 이들의 변형 법칙을 포함하는 소립자 이론에 관한 탐구는 이론적 결과들과 함께 (그 결과가 나오기 전이라도) 사용 가능한 에너지 자원의 확장과 초-상대론적 에너지 생산을 포함하는 현상을 제어 가능한 길로 인도할 수 있다.

이런 전망은 아인슈타인의 이름과도 관련 있다. 20세기 첫 사반기에 아인슈타인이라는 이름은 이미 실제 삶에서 발생하는 문제들과는 동떨어진 이론적 사고의 상징이 되었다. 이 시기에 상대성 이론은 대중에게 널리 퍼진 사회적 관심사였다. 그리고 아인슈타인이라는 이름은 이론의 실체 구현이 인간 운명의 광범위한 범위에 걸친 큰 변화를 어쩔 수 없이 수반할지도 모른다는 직관에 관한 일종의 신뢰를 의미하기도 했다.

새로운 에너지의 응용은 전자기학과 인공두뇌학에 기초한 완전 자동 생산과 연관된다. 컴퓨터는 정보 수집과 제어 과정을 자동화하기 위해 사용된다. 이 새로운 에너지가 산업에 도입될 때 인공 지능 자동화가 전 산업을 자동으로 작동하고, 자동으로 재구성하는 메커니즘으로 바꾸어 놓을 것이다.

이런 생산 기준 달성을 위한 선결 조건은 적대적 관계에 있는 노동자, 사주, 사회의 관계 개선과 화목한 사회 체제 도입일 것이다. 산업의 새 체계는 인간 노동의 내용을 바꾸는 것이다. 전통적 자동화에서 노동이 기존 기술의 변화와 개선을 도입하는 것에 국한된다. 이런 변화의 도입 자체도 자동으로 일어나는, 인공 지능적 자동화 생산에서는 노동은 점점 더 보편적이고 근본적인 성질을 갖는 새로운 물리-기술적 원리에 대한 탐구에 국한될 것이다. 이런 원리는 물리(기술적)이고 동시에 기술(경제적)이다. 인

11) 로버트 오펜하이머(1904-1967)는 미국의 이론 물리학자였다. 그가 원자폭탄을 만들기 위한 맨해튼 프로젝트의 책임자 역할을 담당함으로 그는 '원자폭탄의 아버지'라고 불린다.

공지능학은 기술-경제학적 계산들을 자동화하는 것과 산업 생산의 최적 균형, 회사의 최적 지리적 위치, 최적 유통로 등을 결정하기 위해 컴퓨터를 사용하는 것을 가능하게 했다. 여기서, 다른 모든 분야처럼, 인공지능학은 인간에게 주어진 의식 활동 영역을 제한하는 것이 아니고, 오히려 확장하고 고양하는 것이다.

이 모든 것이 도덕적 질서 문제에 새로운 특징으로 나타나는 것인가? 우리는 정확히 이것을 도스토옙스키의 질문이라고 간주할 수 있다. 많은 사상가도 도스토옙스키보다 더 일관적이고 정확하게 도덕적 질서 문제를 표현하려 했지만, 아무도 그것을 이런 비극적이고 역설적이며 생생한 장면으로 묘사하지는 않았다. 도스토옙스키 이후 도덕적 질서는 더는 이론적 문제로만 남아있을 수는 없었다. 도스토옙스키의 생생한 표현은 인간의 영혼에 강한 흔적을 남기게 되었다. 최근에는 아무도 개개인의 운명을 무시하는 보편적 질서를 감히 계획하지 못한다.

'도덕적 질서를 위한 조건들을 어디에서 찾을 수 있는 것일까?'가 바로 도스토옙스키의 질문이다. 상대성과 초-상대성 에너지를 사용하려는 전망, 아인슈타인의 개념들을 구현하고 적용하려는 시도가 이에 답을 주는 것일까? 과학적이고 기술적인 진보는 가난을 퇴치하고 인간에게 그들의 필수품과 위로를 줄 수 있다. 그러면 인간은 과연 이것에 만족하는가? 화목한 사회는 요구 조건의 수준을 조금씩 향상하기를 요구할 것이다. 이런 요구와 이것에 대한 만족감은 노동의 성격, 노동과 과학 사이 차이점의 제거, 활동의 중심을 더 근본적인 물리(기술적) 그리고 기술(경제적) 관련 질문으로 옮겨가는 역할을 한다. 그리고 이런 것들은 감정적 그리고 도덕적 역량의 향상과 연관되고, 더 커진 그런 역량 없이는 과학과 노동이 진보할 수 없다.

이런 것의 발전은 근본적으로 자유를 의미한다. 그것은 인간의 생각을 전통이라는 족쇄에서, 전통적이며 확립된 원칙에만 의존하는 속박에서 자유롭게 한다. 이런 계속되는 해방은 화목한 사회의 과학적 그리고 기술-논리적 발전을 위한 기본 전제 조건이며, 또한 그런 발전의 근원적 결과이다. 이것은 사람들을 '매일의 양식과 자유' 중 하나를 선택해야 하는 것에서 우리를 해방 한다. 이 선택에 대해서 도스토옙스키가 이반 카라마조프의 시 속에서 종교 재판장의 입을 통해 표현한다. 그것은 16세기 초반에 어떻게 그리스도가 스페인 남서부에 있는 세빌(Seville)에까지 오게 되는지를 이야기한다. 그는 광장을 걸어 지나갔다. 민중은 그를 인식하고 따라간다. 그가 대성당 앞뜰에서 그리 멀리 있지 않을 때 그는 나이가 구십이 된 천주교 광신자인 그 종교 재판장을 만난다. 이 재판장은 그를 어두운 감옥 속에 가두라고 명령한다. 밤에 그는 그리스도를 찾아와서, 그의 직업에 관해 설명한다. 그는 그리스도가 광야에 있을 때 악마가 그를 시험한 세 가지 유혹을 상기시킨다. 그리고 사막의 돌을 빵으로 바꾸라는 악마의 말에 '사람은 빵으로만은 살 수 없다,'라고 말하며, 어떻게 악마의 유혹을 거절했는지를 상기시킨다. 그 종교재판장은 15세기 동안 교회는 사람들에게 빵을 주면서, 그들을 교회에 복종하는 노예로 만들고 그들로부터 자유를 박탈하면서, 그리스도가 거절했던 것을 사람들이 하도록 애써왔다고 주장한다. 그러고 나면, 포비도노스테세프와 카트코프의 마음 속에서 논쟁이 일어난다. '자유를 주고 얻은 빵'에 관한 이 종교 재판장의 개념은 혁신적 사고와 관련 있다.

"누가 옳은지 당신 스스로 결정하시오. -당신 자신이요 아니면 당신에게 질문한 그 사람이요? 당신에게 첫 번째 질문을 상기시키시오. 그것의 의미는, 물론 이런 식으로 말하지는 않았지만, 이것이었어요. '당신은 세상으로 나가기를 원하고, 당신은 아무것도 가진 것 없이 그저 자유라는 어떤 약속만을 갖고 가는 거지요. 그것은 단일성과 본질적 무법 속에 있는 사람들은 상상조차 할 수 없고, 그들이 두려워하고 염려하는 것이지 -자유라는 것보다 더 인간과 인간 사회에서 지탱할 수 없는 것은 없을 거예요! 그리고 메마르고 황량한 사막에 있는 돌들이 당신에게 보입니까? 그 돌들을 빵으로 바꿔 봐요. 그러면 사람들이 구름떼처럼 당신을 따를 것이에요. 순종적이고 감사하는 마음으로, 영원히 당신이 당신의 손을 치워 버릴까 봐, 그들이 당신의 빵 덩어리를 더는 얻을 수 없을까 봐 벌벌 떨면서.' 그러나 당신은 그들로부터 자유를 앗아가기를 원하지 않았고, 그 제안을 받아들이지 않았지요. 왜냐하면 당신이 그 빵 덩어리로 그들의 복종을 샀다면, 그것은 어떤 '자유'인지를 생각했기 때문이지요. 당신은 인간은 빵으로만 사는 것이 아니라고 대답을 했지요. 그렇지만, 당신은 아십니까? 그 세속적인 빵을 위해서 세상에 있는 영혼들이 당신에게 저항하며 폭동을 일으키고 당신을 향한 전쟁에 가담하고 결국 당신을 정복할 것이고, 그러면 모두가 '도대체 누가 이 맹수와 같을까? 그는 우리에게 하늘에서 고통과 시련을 보냈어!'라고 외칠 것을 당신은 아십니까? 세월이 흘러 인류가 인류 자신의 지혜와 과학으로 범죄가 없게 되었는데 죄는 없고 배고픔으로 굶주린 사람만 있다고 선언할 것을 당신은 아십니까? '그들을 먼저 먹여라. 그리고 그들의 품격을 따져라!' -이것이 바로 그들이 당신에게 대항하여 올릴 그리고 당신의 교회를 파괴할 현수막에 새겨넣을 구호이지요."

'새로운 바벨탑이 그리스도 신전 대신 세워지고, 그 파괴적인 '빵만으로는 아닌'과 대조적으로 그들을 모두 먹일 수 있는 교회로 사람들은 모이게 되겠지요.'라고 이 재판장은 계속 이야기한다.

"아니야, 과학은 그들이 자유를 유지하는 한, 그들에게 빵을 주지 않을 거예요. 그러나 결국 그들은 자신의 자유를 우리에게 내려놓을 것이야...."

물론 '자유 대신의 빵' 개념은 이 종교 재판장과 혁신적 개념을 결부시키는 것이 아니고, 사회주의와 아무런 관계가 없고 근본적으로 사회주의에 적대적인 권위주의적 개념과 결부시킨다. 그러나 우리 관심은 당연하게 잊어진 보수주의자에게 있지 않고, 도스토옙스키가 던진 질문에 있다. 매일의 양식이라는 이름으로 행동하고 자신의 자유에 대한 포기의 대가로 사람들에게 빵을 제공하면서, 개개인의 운명이 권위주의적 기계에 의해서 억압되지 않아야 한다는 것을 도덕적 질서는 요구한다. 과학이 사람들에게 빵을 무료로 제공할 수 있을까? 이런 점에서 통계적이고 권위주의적이며 개개인의 운명을 무시하는 보편적 질서와 각각의 존재성과 충돌한다. 오늘날 그 해답은 다른 관점에서 찾을 수 있다. 우주 현상들이 초-미시적 현상들과 물리적으로 분리될 수 없는 형태라고 현대 과학은 이야기한다. 현대 과학의 응용은 개별 존재의 번창과 인간의 사고와 활동의 전통적 제한들로부터 자유로워져, 사고 대상으로 더 근본적인 문제들과 원칙들에 관심을 가지도록 한다. 여기서 우리는 현대 과학과 그 응용의 사회적, 지적 그리고 도덕적 효과들 사이의 또 하나의 '이질동상', 즉 다른 하나의 유사성을 발견한다. 현대 과학은 한 입자의 거시적 개념을 도입하지 않지만, 한 입자의 거시적 행동을 정의하지 않고는 초-미시적 현상을 실체로써 다룰 수가 없다. 도덕적 질서의 현대 개념은 개개의 존재가 그 집합적 운명에 대한 개별의 중요성에 의해 결정되라고 요구한다. 하나의 큰 집합적 존재의 운명에 작용함으로써만, 개개의 존재는 만족스러운 사회적, 도덕적 의미를 획득한다.

그래서 20세기의 물리적, 물리-기술적, 사회적 그리고 도덕적 개념들은 19세기가 제시한 질문에 건설적인 대답을 준다. 도스토엡스키가 던진 질문의 근본적인 표현들을 되새겨보자. 그의 시론에서, 그의 잔인한 실험을 다시 생각하자. 그가 던지는 질문은 여러 곳에서 여러 다른 표현으로 나타나는 것을 발견할 수 있다. 이런 표현들은 모순적으로 보이면서도 음악적 감수성을 묘사하는 장면에서, 항상 도덕적 충돌들을 두드러지게 하는 설정에서, 병적일 만큼 열광적으로 우주적이며 도덕적 조화를 추구에 몰입하는 그의 언어에서, 그리고 그의 잔인한 실험 속에서 계속 나타난다.

이런 질문은 단지 논리로만 표현될 수 있는 것은 아니었고, 예술의 형태로 구체화하여야만 했다. 그래서 도스토엡스키의 시론은 19세기가 요구하는 일반적 질문의 필수적 요소이며, 20세기 주요한 과학적, 사회적, 그리고 심미적 개념들 대부분과 관련되어 있다.

19세기는 이성의 세기인 18세기가 남긴 임무를 수행했다. 이성주의는 이성적 과학과 경험주의 전통을 버리고 주로 응용과학으로 시선을 돌렸던 산업을 발전시켰다. 그러나 세상은 계속 인간의 눈물로 온통 채워졌다. 수많은 국부적 비극이 일어났다. 모욕을 당하고 상처 입은 사람들의 죽음과 빈곤과 외로움은 보편적인 거시적 조화를 위한 통계적인 당연한 희생으로 여겨졌다.

새로운 사회적 조화와 개개인을 고려하는 사회에서 개선된 삶의 조건들은 도스토엡스키가 이해하기 힘든 처지들의 묘사를 통해서 찾아지고 있었다. 그러나 이러한 추구는 창조적 요소를 포함해야 했다. 거시적 존재체계에 의해서 무시되었던 외롭고, 모욕을 당하고, 실패한 인간의 이미지가 19세기 문화에 나타나고 지속하였다. 개념이 아닌 이미지여야만 했는데, 그것은 이미지만이 사람의 독특한 개개인의 자질을 전달할 수 있기 때문이다. 개인의 특정한 이미지와 그가 직면하는 것은 시론적 문제이지 논리적 문제가 아니다. 도스토옙스키의 작품들의 '전환점'인 장면에서, 세상에서 이성적 질서를 찾으려는 고뇌가 현실적 체계를 통해 나타나는 순간들에서, 이런 충돌이 일어난다. 이러한 충돌은 이성적 질서에 현실감을 부여한다.

거시적 조화와 국부적이며 미시적 (또는 초-미시적) 입증 사이 충돌은 물리학에서도 일어났다. 상대성 이론은 세계선들의 체계를 세계 조화의 기초로 본다. 그러나 이 세계선들은 한 종류의 입자로 이루어진 세계선에서 하나의 다른 종류의 입자로 이루어진 세계선으로 전위하는 미시적 과정으로 채워져 있을 때만 이 선들은 실체적 물리과정이 된다.

현대 물리의 발전과 응용과학적 측면과, 사회적 측면의 효과에 있어, 우리는 또다시 한 번 거시적 조화와 개개 구성원의 운명의 문제와 부닥치게 된다. 과학은 새로운 형태의 에너지 적용으로 방대한 에너지 자원의 확장을 인간에게 약속한다. 인공두뇌학의 자동화와 결부된 이 확장은 인간이 더 보편적이고 근본적인 문제의 해답에 집중할 수 있게 해줄 것이다. 이것은 도의적 양심과 모든 인간 개개인의 운명에 대한 책임감이 필요하다. 아인슈타인에게 강렬했던 이런 감성은, 도스토옙스키가 세계 문화에 소개했던 고통 속에 있는 주인공들의 연출 속에서 어느 정도 유래한다고 볼 수 있다.